NGO主義でいこう

インド・フィリピン・インドネシアで開発を考える

小野行雄
ONO Yukio

藤原書店

NGO主義でいこう

目次

NGO主義でいこう

インド・フィリピン・インドネシアで開発を考える

ＮＧＯ主義とは？

人々の五分の一が貧困状態にあるこの世界。その現状を目の当たりにして安穏としていられない人々は、どうにかしようと立ち上がる。けれど、どうすればよいのか。食べ物を配るのか、薬を渡すのか、もっともっと開発を進めるとみんな助かるのか、財産を平等に分けることが必要なのか。それとも、人口を減らして分け前を増やすか、ものなど持たない精神的な豊かさの哲学こそを説くべきなのか。

考えることは必要だけれど、そこで止まっているわけにはいかない。立ち上がった人たちは、まず動く。理論よりも実践、見ているよりは歩き回り、人々に話しかけ、できることから始める。そして考える。次第に深く、考える。

経済開発すべてに反対するわけではないけれど、全面支持ではない。グローバリゼーションに反対の立場もあるが、ある部分評価する人々もいる。平等主義を徹底するわけではなく、人々が自発的に動くのを待っていたりする。所詮資本主義を補完するだけのものと評価されることもあり、修正主義と批判されることもあり、穏健すぎると言われることもあり、しかし動かないわけにはいかない。まず実践、そして理論。

そうした人々の熱い行動と思いが、今世界を変えつつある。そんな人々の行動原理を、僕はＮＧＯ主義と名付ける。

chap. 1 わたるアジアはいい人ばかり

マチョガノ

フィリピンの首都マニラから北へ飛行機で一時間、さらにジプニー（乗合バス）で四時間のイフガオは、ユネスコの世界遺産にも登録された、高さ千メートルにもおよぶ棚田で有名だ。この棚田は千年前とも二千年前とも言われる古い時期につくられたもので、世界第八番目の奇跡とも呼ばれているそうだ。もっともフィリピン以外でそう言っている人は聞いたことがないので、東北三大祭りの四番目、山形花笠音頭のようなものかもしれないが、見事なことは確かだ。見渡すかぎりに広がる棚田を見ていると「普通」の人々の「普通」の営みのすごさに圧倒される。長い時間をかけて毎日の生活の中で築きあげられた偉業は、ピラミッドとか石窟とかとはまた違った重みを持っている。

棚田を支える石は、苔むし風化しているが、きれいに形作られていて、代々人の手が入っているのが分かる。ところが、崩れたまま放置された棚田も増えている。農村の過疎化現象がここでも始まっているのだ。

その初めて行ったフィリピンで、僕は棚田を造った人々の子孫に会った。

棚田を造った人々は、イゴロットと呼ばれている。

フィリピンの人口は約七千万だが、世界のどこでもそうであるように、すべてが単一の民族であるわけではない。地理的に本来まったく違う文化圏と考えられるいくつもの島が混ざっているから、北と南では大きな違いがある。また、歴史的に見ても、大きく三つのグループに分けて考えることができる。二万年ほど前から住んでいた人々、その後やってきた人々、さらにその後にやってきた人々の三グループだ。

棚田を造った人々は、その二つ目のグループに属している。大陸から数千年前にやってきて、最初のグループを追い出した後でその

＊フィリピン史

フィリピンの古代・中世史については、わずかしか分かっていない。フィリピン先住民には文字もなく記録もなかったというのが通説で、フィリピン史といえば侵略者であるマゼランがセブ島近くのマクタン島に到着した十四世紀から始まるのが普通だった。しかし一九九〇年にラグナ銅板碑文と呼ばれる金属片が見つかってから状況は一変した。現在のところこれは十世紀頃の記録とされ、文字はサンスクリット系で、使われている言語は古代タガログ語であると分析されている。フィリピンの古代文化がどうなっていたか、当時他のアジア諸国とどういう関係を持っていたかは、これからの研究になるだろう。〔**『物語フィリピンの歴史』**鈴木静夫、中公新書〕

その後のフィリピン史は、スペインおよびアメリカ、そして四年間の日本による統治とその影響との人々の戦いの歴史だ。太平洋戦争の激戦地であるバターン州のサマット山には、フィリピン独立を称揚する高さ百三十メートルあまりの十字架が立っているが、その外側を飾っているのは、マゼランと戦ったラプラプ、十八世紀に反スペイン戦争を戦ったシランとその妻で「フィリピンのジャンヌ・ダルク」とも呼ばれるマリア・ガブリエラ、十九世紀末から二十世紀初頭にかけてのフィリピン革命の立役者であるボニファシオ・リサール・アギナルドなど多くの独立の英雄たちだ。フィリピンの市民社会が比較的強いのは、こうした抵抗の歴史をかなり早い時期から正史として取り上げてきた影響も強いと思われる。中でもフィリピン独立の父ホセ・リサールは今も尊敬を集めており、九八年に独立百周年を記念して製作された映画**「ホセ・**

リサール』（マリルー・ディアスアバヤ監督）は大ヒットとなった（日本でも二〇〇二年に公開）。

リサールについては小学校から大学まで授業の中でリサールを学ぶことが義務づけられており、憲法とならぶ必修単位になっている。さらには彼を救世主、彼が二六歳の時に書いた小説「ノリ・エ・メンヘレ」を聖書とする教団などもあるという〔**『アキノ政権とフィリピン社会』**ルベン・アビト、亜紀書房〕。

フィリピン史についてでは、前述の**『物語フィリピンの歴史』**がコンパクトでとても分かりやすい。

労作**『フィリピン民衆の歴史I～IV』**〔レナト・コンスティーノ、勁草書房〕は、第一巻の終わりから第四巻最後までで約七〇年分、第三巻は日本占領前夜から終戦までの六年間分しかないという詳述ぶりで、読むのはちょっと大変だが、特に日本人にとって、必読書といわざるを得ない。また、**『フィリピンの歴史教科書から見た日本』**〔佐藤義朗編、明石書店〕は、その時期のフィリピンと日本の関係がフィリピンの学校でどう教えられているか知るのに格好の資料となる。日本軍がフィリピン国内に滞在したのは四年間に過ぎないが、その間にかなり「効率的」な政策を次々と打ち出し、また統治を前提としない短さゆえにむしろ暴虐ぶりはすさまじかった。農民たちの幸福な生活ぶりと日本軍による破壊と蹂躙を、パナイ島のイロイロを舞台に描いた**『暁を見ずに』**〔ステヴァン・ハヴェリヤーナ、勁草書房〕は、フィクションではあるが、胸の苦しくなる、それでいて人間の熱い希望を感じさせる名著だ。

後から来た人々に追いやられ、次第に山岳地帯や辺境に住むようになった人々だ。同じような経緯で高地に住むようになった人々はフィリピンだけでなくあちこちにいるが、ルソン島の山岳地帯に住むようになった人々をイゴロットと総称している。今ではもちろんフィリピン人であるけれど、文化も言葉も身体的な特徴も、平地のフィリピン人とは違った独自のものを持っている。

僕は、横浜の開発援助NGO「草の根援助運動」のスタディツアーの一員としてそこを訪れたのだったが、初めてのフィリピンは、意外なことに、とても新鮮で、しかも懐かしかった。

僕は二十代の二年間をアメリカで過ごしていたこともあって、かなりの「アメリカかぶれ」だ。ハンバーガーとコーラが好きで、デニーズとロイヤルホストが並んでいると、ホントはロイヤルホストが好きなのに、アメリカ生まれのデニーズを選んでしまう。

そんな僕にとっては、それまでアジアは単にエキゾチックな場所でしかなかった。どこがどこだか分からない、ただ異質でエスニックな場所。西洋世界からみた遠くて見知らぬ世界が「アジア」だった。だから、フィリピンの人に会い、フィリピンの人と話す、それだけで僕にとってはとても新鮮な出来事だった。

そんな僕が懐かしさの感情を抱いたのは、だからとても不思議で自分でも意外だった。

フィリピンは言うまでもなく外国だ。そして、僕にとってそれまで、外国というのは、遠く、あこがれるべき場所だった。

自分の回りのものを否定するために、外国の風物や文化を利用する。身近なものからの飛翔の道具

山奥の田んぼで田植え。僕らが立ち止まって眺めていたら、向こうでも一斉に手を止めたので、仕事の邪魔をしないように慌てて退散した。

として外国文化を使うのは、明治以来の……もしかしたらもっと以前からの日本の伝統らしいのだけれど、大学でフランス文学を学び、その後アメリカで二年を過ごした僕にとって、外国は、まさしくそういうところだった。

ところがフィリピンで見たのは、たとえば人々が並んで腰をかがめている、日本で実は見たこともない、しかし確かに懐かしい田植え風景だった。実際にはフィリピンの人たちは必ずしも一列には並ばず、苗もきれいな一直線になっていない。あとで知ったところでは、そもそも条播きそのものがフィリピンの伝統ではなくて、直播きが一般的だというのだけれど、その時の僕には、それがとてもフィリピン的で、かつ日本的なものに見えた。

外国にあって、懐かしいもの。外国であるくせに、外国ではないもの。

ジプニーの屋根の上ではしゃぐ。隣がエスター。夢を叶えて医者になっただろうか。

生まれてから三十数年の間知らなかった、知ってみれば当然あるべきだった世界が、ようやくそこに現れてきたのだった。

そして、そこで初めて出会った人の一人が、マチョガノだった。小柄なイゴロットの彼こそが、僕にとって最初の、大事なフィリピン人の「友人」だった。文字通り友人だったのだ。なにしろ彼が友人だと言ってくれたのだから。

彼は、片側が崖になっている山道の、その途中に家兼工房を構えていた。

僕は初めて乗るジプニーの屋根の上ではしゃいでいた。ジプニーというのは、派手な装飾が施された、フィリピン独特の乗り合いバスだ。その屋根に乗り移ったのは、人数が多くて下が混んでいたという理由もあるが、もう一つは、現地のＮＧＯであるフィリピン農村再建運動ＰＲＲＭの若い女性スタッフが屋根に上っていったからだ。医者を目指しているという、イゴロットを母親に持つエスターと一緒に、時々はたかれそうになる大きな木の枝をよけながら、僕は興奮していた。相当に舞い上がっていた。

そこで、どういう経緯でだったか、木彫りを作っている人の家を訪ねることになったのだ。訪れたのは山道の家のわきにある、工房兼ショールーム。工房主であるマチョガノは、イフガオ伝統の木彫り技術を伝える木彫り職人の一人だった。

彼は床に座り込んで、太い木を鉈のようなもので削っている最中だった。邪魔をするつもりはなかったし、彼の方も特に売り込みをするつもりもなさそうだったので、僕は黙って棚の木彫りを見て歩いた。

驚いたことに、その工房の棚で一番広い場所を確保していたのは、アメリカ先住民の姿を型どった木彫りだった。

いわゆる「アメリカインディアン」が、羽根飾りをかぶり、手にトマホークを持って踊っている、そんな姿の木彫だ。二十歳のとき、友人と二人でロサンゼルスから夜通し車を走らせて見に行ったグランドキャニオン。その土産物店で見た、買っては来なかったけれどそれなりに気持ちをそそられた、いかにもアメリカン！な「インディアン木彫り」が、彼の工房にたくさん並べられていた。

アメリカ先住民の似姿を、フィリピン先住民が作っている！　なんて素敵な連帯……などと喜んでいる場合ではない。どんな経済バランスが働いているのか、それはどちらかと言えば僕を暗い気持ちにさせる発見だった。

そのうちに、そうしたまがいもの木彫りに混じって置かれていたひとつの木彫りが、僕の目にとまった。

それは、武骨な、どちらかといえばバランスの悪い鹿の置物だった。荒削りで、彩色もしていない。頭が大きすぎ、足が短すぎる。しかも、前半身しかない。それが二つ、こちらを向いている。

それは一つの木から切り出した、これから真ん中を割って製品にしていくらしい、まだ制作途中のブックエンドだった。

僕はそれが欲しくなった。他の、いかにも注文通りに作っているらしいものと違って、その木彫りには制作者の姿が透けて見えていた。自分のデザインで作りたいものを作ってみた、そんな様子が見えた。荒削りさが、僕のフィリピンみやげとしては、とてもふさわしいと思えた。

僕は、その、木彫りを作っていた男性に声をかけ、これが欲しい、と英語で伝えた。

小柄で朴訥な風の男性は立ち上がり、それはだめだ、と首を横に振った。

どうして？　未完成だから？　僕はこれが欲しい。

彼は淡々と、英語の単語を並べる感じで説明した。これは、この真ん中を切って、二つに割り、間に本を並べるのだ。そうすれば本が倒れない。しかしながら今は完成していないので、このままでは使えない。残念なことに、数日前に唯一ののこぎりがあの通り壊れてしまって――と彼は隅に置いてある大きなのこぎりを示した――、今はその作業ができないのだ。

僕はそこで、自分が日本から来たこと、初めてのフィリピンで感激していること、そのお土産として、作っているあなたの顔が見えるような気がするこの置物が欲しいのだということをゆっくりと説明した。彼はそれなりに英語が理解できるようだったが、難しい顔をして、なおもこれは半製品なので売れない、と繰り返した。

僕がなおもがんばろうとしていると、彼が突然、僕の名前を聞いた。私は、マチョガノだ。あなたは？

僕はユキオだ、と答えた。ペリーというニックネームを持っているけれど、ホントの名前はユキオという。

私はマチョガノだ。言ってみてくれ、と彼は――マチョガノは――言った。

「マチョガノ」と僕は言った。

「そうだ、マチョガノだ。あなたはユキオだ。」

僕もうれしくなって言った。「そうだ、ユキオ。あなたはマチョガノ。」

「その通りだ。私はあなたの名前を覚えた。あなたは私の名前を覚えたか？」

「覚えた。マチョガノ。」

「それではもう、あなたは友だちだ。だから、日本から来た友だちにこれをプレゼントする。持っていって、私を思い出してくれ。」

え？　ええ？　僕は突然の申し出にびっくりし、慌てた。

未完成とはいえ、横幅四十センチ、高さ三十センチ以上ある、それも一本の木から彫りだした労作だ。脚の間をくり抜き、首をきちんと彫り込み、その手間は何時間かかったものか分かりはしない。

こんな立派なものをもらうわけにはいかない。

木目の色で分かるとおり、中央のブックエンドになる部分と鹿の胴体はつながっている。差し込み式の角と耳以外、一本の丸太からそのまま刳り抜いて作ってあるのだ。

お金を払わせてくれ、と僕は言った。

「ユキオは友だちだ。」マチョガノは言った。「そうだろう？　だからこれはプレゼントだ。」マチョガノは決して愛想をつくることはなかったが、優しい目でそう言った。

こうして、マチョガノは、僕のフィリピンの初めての友人になった。

鹿の木彫りは、今も僕の机の上にある。

残念なことに、差し込み式の角が一本折れてしまったのだけれど、開発の話やフィリピンの話をするときには、紙袋に入れてこれを持っていく。そしてマチョガノの話をすることにしている。

いい人たち

フィリピンの首都、マニラ。旧市街地区にあるリサール公園でフィリピン独立の父リサールの像を見て、ベンチに座っていると、フィリピン人から親しげに声をかけられる。

「日本人ですか？　どこから？　トーキョー、サイタマ？　ああ、ヨコハマ、私も行ったことあります。いいところです。」

親切そうなフィリピン人だ。身振り手振りで以前いた日本の話をしてくれるので、最初は警戒していた観光客も、まあ大丈夫か、と安心する。フィリピン人はリサールの話をしてくれて、日本庭園あたりを一緒に散歩し、マニラを案内してくれて、観光客では買いにくい屋台の料理をおごってくれさえもする。そして最後は、自分の家にまで招待してくれるのだ。

初めて見るフィリピン人の家。初めてのフィリピン家庭料理で歓待され、いい気持ちになった日本人旅行者は、それまで抱いていた警戒心を次第に捨てていき、一緒にアルコールを飲み、……やがて、自分のホテルの部屋で裸で寝ている自分を発見する。アルコールに睡眠薬が入っていたのだ。お金もパスポートも、時にはバッグや服まで一切合切消えている。親切はやはりワナだった、と気づいたと

リサール公園。さまざまな集会にも使われる。この日は早朝からある新興宗教の大規模な祈りの会が開かれていた。

きにはあとの祭りだ。

間接的な知り合いでこの睡眠薬強盗に会った人は二人いる。日本人向けのガイドブックにも書いてある手口なので、かなりの日本人がこの被害にあっているようだが、知る限りみな、きちんとホテルに戻されている。

なんて親切なんだろう、と僕は思う。そのまま放り出したっていいのに、わざわざ送り届けてくれるのだ。気がついたらホテルで裸で寝ているなんて、自分の間抜けさを証明しているだけで、なんだか素敵なことではないか。

そのフィリピン人は、悪い人じゃない。僕はそう思う。ただ経済格差がそうした行動をとらせているだけだ。日本人の平均時給は、フィリピン人の平均日給よりはるかに高い。おかしいのはそのことであって、そのフィリピン人じゃない。

バリの裏通り。落ち着いた風景が展開する。

バリ島には、ビーチボーイと呼ばれる若い男の子たちと、その子たちに夢中になる日本人女性客がたくさんいる。芸術家の村と呼ばれるウブドゥ村の小さな美術館――あるいは大きな画廊――で見たカップルは、二十代後半に見える日本人女性が、二十歳前と思われるハンサムなインドネシア人に甘え掛かっていた。すらりとした男の子は、彼女の言うことを優しく聞き、そして彼女を丁寧に扱っている。一目でいわゆる手慣れたビーチボーイなのだが、女性は、多分日本ではそんな風に丁寧に扱われたことがないのだろう、すっかり夢見心地なのが見てとれる。

そうしたビーチボーイたちは、観光の中心地であるクタビーチに集まっている。日本の海の家の商売と同じようにテントを出し、パラソルやソファや浮き袋などを貸し出している店がいくつもあって、ビーチボーイはそこで観光客に声をかけたり、ドリンクを買ってきたりして用を足している。

*バリの観光開発

南の島の観光化という問題は、十九世紀から始まっている。

南太平洋のタヒチ島は、十九世紀にすでにヨーロッパからの観光客の訪問を経験していた。エキゾチックで「原始的」なタヒチは、ゴーギャンのような文化人をまず魅了し、その話を聞いた一般の人々を遠いパラダイスに誘った。

二十世紀初頭には、バリ島もこうして観光化の波にさらされていた。一九二〇年にドイツで出版されたグレゴリイ・クラウスの写真集は、上品でしかも官能的な半裸の娘たちや男たちの荒々しい踊りを芸術的に写していて、これがヨーロッパの人々のあこがれをかきたててエスニック・ツーリズムブームを引き起こしたという〔**『バリ島芸術をつくった男』**伊藤俊治、平凡社新書〕。

一九三一年にバリ島を訪れたメキシコ人画家ミゲル・コバルビアスは、「はじめ、私たちは失望してしまった。バリは観光客ラッシュのまっさかりだったし、（中略）大勢の女がぶかっこうなブラウスを着るようになっていたし、若者はバリ風のやりかたを軽蔑しはじめ、人々はこれもバリでは初めての貧乏についてこぼすのだった」〔**『バリ島』**ミゲル・コバルビアス、関本紀美子訳、平凡社〕と書いている。しかしながら、バリの文化はしたたかだった。観光産業をもその文化の一部として、見事に独自文化を発展させていく。

バリに行けばほとんど毎日上演されているバロンダンスは、チャロナランという呪術劇を、モスクワ生まれのドイツ人芸術家ワルター・シュピースが指導して、観光用に再構成したものだ。有名なケチャも同様で、トランス儀礼を原型に一九三三年に作り出された。しかし、それを見た人は誰も、それが観光用の見せ物にしか過ぎないとは思わない。その呪術性は失われておらず、充分に芸術的だ。シュピース自身は自分がいつの間にか観光産業の一部となり、バリの西欧化を進める側になっていたことを深く後悔していたというが、それから七〇年近くたった現在でも、バリという島はしっかりと祝祭の島であり、芸術の島だ。(『バリ島芸術をつくった男』)。

九一年、バリ州は「観光と文化が相互に結びつき、その結果両者が適切に、また調和とバランスを保って向上するような」観光をめざす政令を出した(**『岩波講座・開発と文化 3 反開発の思想』**「観光開発と地域的アイデンティティの創出」山下晋司、川田順造・岩井克人他編、岩波書店)。大型資本による開発は一部区域に限定し、独自文化を守ろうという政令だ。一九九九年にその座を追われるインドネシア大統領スハルトは、強権ぶりと腐敗はひどかったが、外国の文化と資本に対抗するという面では見るべきパワーを発揮している。そうした状況のもとで、バリ島は、観光開発を注意深くコントロールしながら新しい文化も創造していくという、独自の道を歩んできた世界でも希有な例だろう。

そうしたコントロールのおかげか、外国人を見たことがないバリ人というのもいまだにたくさんいる。九三年に訪れた、幹線道路から数十分入っただけの村の村人たちは、日本人を初めて見る、なぜそんなに肌が白く髪がまっすぐで黒いのか、と物珍しそうに同行の日本人女性を取り囲んでいた(僕はなぜか言われなかった)。百年ほど前の日本人が金髪を見て発しただろう質問と同じだが、今では日本人よりもバリ人の方が白肌黒髪だろう。

現地ＮＧＯとの打ち合わせを終えた僕は、午後の飛行機を待つ間、ビーチに行き、そのうちの一人に誘われるままにボディボードを借りた。

白い砂浜にヤシの木が映え、太陽がさんさんと照っている。波の合間から見える砂浜は、地上の楽園だ。しばらく波に揺られて、波を見極める。うねりが寄ってくるのに合わせてバタ足で向きを変え、そのまま進み始める。波がふわっと持ち上がるところで最高速力に乗れれば、体は下から持ち上げられるようにして波に乗れる。青く明るい海水の底に白い砂が見え、熱帯の魚が目の前を横切っていく。まさに夢のようなところだった。僕はきっちり一時間遊んで、浜にあがった。

しかし、浜ではさっきのビーチボーイがこわい顔をして待っていた。

彼はこう言った。

「ボードの貸出時間は一時間だ。しかしあなたは十分遅れた。最初説明したとおり、それに対しては違約金を払ってもらうことになっている。半日分の料金、三百ルピアを払ってもらう。」彼はそれを、訛りの強い、しかしかなり早口の英語で言った。僕は自分の時計できちんと確かめていたから、一時間にならないうちに返したことを知っている。彼の言っているのは明らかにウソだ。僕はそれを主張した。たちまち僕は数人のビーチボーイに取り囲まれ、最初の男の子が他の子に、この日本人は正当な料金を踏み倒そうとしている、といかにも憤慨した様子で主張しはじめた。それから次に、もし払ってくれないなら今度は自分が主人に叱られる、どうしたらいいか分からない、とそれも身振り手振りで大げさに困りはじめた。そしてまた、僕に払ってくれ、そうでないと、と早口の英語で言う、今度は僕がクビになってしまうんだ。

僕は彼に負けない早口の英語で言い返した。僕がここに来たのはこれこれの時間で、キミは一時間ならこの値段、それ以上は一切とらないと言ったから借りたのだ、僕はキミを信用して借りたのにキミはそれを反故にするのか、僕はこのバリでもたくさんのいい人たちにあった、昨日訪ねた村ではこう歓迎されたし、そこを助けている地元のＮＧＯの人たちともこんな話をして意気投合した、それなのにここに来て僕をだまそうとしているキミを見るのは耐えられない。

言い終わると、回りのビーチボーイたちはみな、顔を見合わせた。そして、最初の子が、お前は英語がしゃべれるのか、と言った。そんなにしゃべる日本人を見たのは初めてだ。日本人はみんな英語がしゃべれないのだと思っていた。

そうか、日本人はそんなにしゃべれないか。

そうなんだ、日本人は曖昧に笑うだけで、こういう風に言えばすぐ財布を出し、投げつけるようにお金を払って行ってしまう。日本人はみな、コミュニケーションが嫌いで、お金で解決しようとするんだ。

みんなしゃべろうとしないんだ。もしかすると僕たちをバカにしているんだろうか？

そういうわけじゃない、僕は日本で英語の教師をしているのだが、確かに英語がしゃべれる日本人は少ない。僕の責任かもしれない。困ったことだ。

追加料金の話はいつの間にかどこかへ行ってしまった。明らかに自分たちの勝手な論理で観光客か

バリ。たまたまのぞいた家の裏で、子どもたちが木彫りを彫っていた。手招きして写真を撮らせてくれた。学校のあと手伝うらしいが、みんな楽しげだ。

ら金を巻き上げている彼らなのだけれど、話が通じる日本人に対しては、聞きたいこと、話したいことがたくさんあったのだ。

「聞きたいことがある。日本人はどうしてみんな、忙しいんだ？」

そうだな。みんな仕事で忙しいし。でも、ゆっくりしていく女の子はたくさんいるじゃないか。

「たいていは二・三日だけだ。」

「みんな整形しているというのは本当か？　ホントの顔はどういう顔をしてるんだ？」

それはうそだ。どこで聞いたんだい？　たまには整形している人もいるだろうけれど、僕の回りでは見たこともない。

「でも、髪の毛をわざと縮らせたり染めたりしているだろう？」

それはそうだ。

「どうしてそんなことをするんだ？　まっすぐ

で黒いのはきれいじゃないか。」

うーん、それは……日本人はまっすぐな黒髪の人が多いから、違う風にしたいんだろうな。きみたちだって、ほら、ちょっと違う風にしたいとか、思ったりするだろう？

「そうかな？」

日本人の女の子についてどう思う？

「日本人はみんなかわいい。お金もたくさん持っている。ナイスだ。」

結婚したい？

「そりゃあ結婚したい。でも日本の女の子はみんな、ここへ遊びに来て、お金をたくさん使って、そして帰ってしまう。写真をいっぱい撮って送ると言ってくれるけれど、送ってくれたことがない。どうしてみんな、約束を守らないんだろう？」

約束を守る人だっていると思うけれど、……日本人はみんな忙しいから、日本に帰ると楽しかったここのことを忘れてしまうんだろう。

「やっぱり忙しいのか。」

僕は忙しくないけど。いや、やっぱり忙しいのかな。ところでキミたちは学校は行ってないの？

「小学校は卒業した。そのあとは行ってない。学校に行っても、ここでは仕事がないんだ。こうしてた方がお金が稼げる。」

「僕は、お金を貯めてアメリカへ行くんだ。そして、アメリカの学校に行く。ニューヨークでダンス

村のあちこちにお寺がある。異教徒は中までは入れないので外から撮るだけ。

の勉強をするんだ。」

（こいつはダンスがうまいんだ。）

日本に行きたいとは思わない？

「日本は行きたくない。日本人はお金は持ってるけれど、みんなせかせかしてるだろ。ここに来る日本人を見てると分かる。気が短い。みんなでぎゅーぎゅー押し合いながら電車に乗るんだろう？　僕は、日本に行ったらきっと、電車に乗れなくて、空港から一歩も出られずにそこで寝起きするはめになる。」

タカリになるはずだったビーチボーイは、話してみると、とても素直でかわいく、しかも真摯だった。色黒でハンサムな彼らが、にこにこと話をしてくれている。もしかすると、こんな彼らの素直さこそが、日本人の女の子を虜にする最大の原因かもしれない、とも思った。

「これからランチだろう。あんたの泊まっているホテルまで、一緒に行くよ」と最初のビーチボーイが言った。「僕の兄貴はそこのレストランで働いているんだ。特別メニューをつくってくれるよう言ってやるよ。大丈夫、追加料金をとろうとなんて思ってないよ。あんたは友だちだからな。」

＊物乞いと児童労働

「途上国」を訪れたインスタント金持ちの日本人は、あちこちで物乞いをする子どもに出会って戸惑う。日本人にとってほんの小銭に過ぎないお金が家族の数日分の食費になったりするわけだから、相手も必死だ。初めてこれに会うと、日本人はみな、良心の呵責と義務感と疑念にとりつかれて暗い気持ちになる。

これには、なんらかの労働の対価としてなら適当額を渡す、単なる物乞いには渡さない、というところでラインを引くのがよい。花を摘んできて差し出すのでもよいのだが、生きるためにお金を稼がざるを得ない人々がいるのならば、その働きに対して対価を払うことは正当だ。多くの場合親や他の大人が子どもにやらせているのだとしても、働かなければ生きていけない状況では、これを禁止すべき児童労働とみなすかどうかは難しいところだ。

児童労働は、子どもの自尊心と自立を助けるchild workと有害なchild laborに分けて考えられる。そのうちのchild laborは、ＩＬＯの「最悪の形態の児童労働条約」によれば、①強制・債務・奴隷的労働、②売春やポルノ、③麻薬、④子どもの健康や安全・道徳などに有害なもの、と定義されているので、これがひとつの指針になるだろう。

ただし、買う時には相手の数をよく見極めておく必要がある。一人から買って他の子から買わないのは申し訳ない、と二人から買うと、たくさんの子が寄ってきて収拾がつかなくなるかもしれない。そうなりそうな時は、僕は持続可能な開発を目指して努力しているのだ、と自分に言い聞かせ、買い物はすべて断って歩く。

chap. 2 日本人はいい人か

家を取られた人

九三年当時、ルソン島・マニラの東南にあるカビテ州、ラグナ州、バタンガス州、リザール州、ケソン州を舞台とした大規模な開発計画が進められていた。各州名の頭をとってカラバルゾン計画と名付けられたこの計画は、フィリピン政府が始めた計画だということになっているけれど、その中身は日本の国際協力事業団ＪＩＣＡが基本計画をつくり、日本のＯＤＡ資金を使った、日本の開発計画だ。

僕は、マイクロバスで、カビテ州にある農村再建研究所ＩＩＲＲに向かっているところだった。この研究所は、農業を中心としたオルタナティブな開発に関するシンクタンク的なところで、当時の所長はのちに上院議員および保健省大臣にもなっている。僕たちもそのフラビエール所長にお会いし、

ＩＩＲＲの考える持続可能な開発とはどういうことか、話をうかがうことになるのだが、「事件」はそこに向かう途中で起こった。

カビテ州は、近郊農業で発達してきたところだ。マニラから海沿いに南下すると、やがて豊かな田園風景に変わっていく。野菜が主で、豆類やら根菜類やら、葉物やら、さまざまな畑が目につくようになる。バナナやマンゴーなどの果実園も健在だ。いわゆるフィリピンバナナとして輸出されるのはもっと南のミンダナオあたりでアメリカなどの外国資本が展開しているいわゆるプランテーションものだから、このあたりでとれるのは、フィリピン人たちが好んで食べる、もっと小さくてもっとおいしいものだ。

日本のＮＧＯ「日本ネグロス・キャンペーン委員会」が支援しているバランゴンバナナは、日本でもオルター・トレード社や生活クラブ生協などを通じて買うことができるが、プランテーションのバナナよりもずっとおいしい。難点は値段が高く、しかもまとめ買いの必要があるのでいっぺんに大量に届いてしまうということだが、こちらを食べてみると、僕らはだまされて大量消費用のものを食べさせられてきたのだということがよく分かる。

このあたりで植えられているのもそれが主だ。

しかしその風景が、ある地点から工業地帯のそれに変わってしまう。現在ではすっかり工場地帯で、朝夕には若い工員たちが元気に通勤する姿を見ることができるが——圧倒的に「若い」のは、雇用が短期サイクルなためだ——、当時はまだ建設中だった。

日本でも見慣れたブランドの工場だけでなく、聞いたことのないようなメーカーの工場も目につく。部品生産や下請けの企業などが次々と進出しているからだ。現在はまた、中国あたりとの競争に追われているけれど、この開発計画当時は、あらゆる日本企業が進出機会をねらっていた。

その開発計画はどうなっているのか、反対する人々はどうなっているのか、現地ＮＧＯメンバーであるマユの説明を聞いている時だった。道路の真ん中に女性が飛び出してきて、マイクロバスは急停車した。

飛び出してきたのは赤いワンピースを着た女性で、はだしのまま道路に倒れ込んできた。どうしたんだ、なんなんだ、バスの中は騒然とした。誰かがその女性をバスの中に入れ、落ち着かせた。マユが肩を抱くようにして、泣いている女性の話を聞く。

なにもない、工事中のど真ん中の道路。そこに止まった一台のマイクロバス。僕らが様子を見に降りてみると、そのすぐ向こうに数人の男たちがマシンガンを構えて立っており、銃が向けられている先で、十人ほどの男たちが家を壊しているところだった。

すでに屋根は取り払われている。柱や壁がむき出しになり、それもまた、今まさに引き倒されて中が見えている。外にはまだ、干したままの洗濯物が翻っていて、マシンガンの男たちはどういうわけか、その間からマシンガンを構えていた。

Ｔシャツにジーンズがほとんどの作業の男たちは、流しわきの食器を蹴散らし、衣類が入ったままのタンスを叩き壊していた。

建設中の工場。柱は鉄筋ではなくて木造が多かった。

女性の名前はピアといった。彼女は祖父の代からそこに住み、結婚して子どもが出来てからもそこに住んでいた。両親は亡くなり、夫とも八年前に死別。それからずっと、一人でこの土地で三人の子どもを育ててきた。

ここに工場を建てるから立ち退け、と突然言われたのは昨年のことだ。地主も同意している、すぐに出ていけ、という。地主なんて知らない、ここは私の土地だ、というと鼻で笑われた。お前は単なる不法占拠者に過ぎない。お情けで畑の作物が収穫できるまで待ってやる。二ヶ月以内に出ていけ。

このあたりには二十軒ほどの家があったのだけれど、脅されてみんな出ていった。私は出ていっても行くところがないからここにいた。二週間ほど前から何度も男たちが来て、子どももも脅されたので、子どもだけは知り合いのところに行かせたところだった。

あの男たちはほんとに急にやってきて、壊し始めた。せめて身の回りのものだけでも整理させてくれと言ったのに、それもだめだった。私は服も食器も持ち出せなかった。みんな、みんな無くなってしまう。私はずっとずっと、ここで生きていきたいのに……。

バスに乗っていた人たちはみな憤っていた。年輩の日本人女性は、ただただ「かわいそうに」と泣いていた。成田闘争世代で市会議員になっている女性は、「権力っていつだってこうなのよね」と言って怒った。「いつだって、弱い人間に襲いかかって無理矢理とっていくのよね。」

フィリピンには大地主が多い。何万もの人が住んでいる土地が、実は一家族の所有だったりすることもある。もともとフィリピンには土地所有という概念がなく、自分のものだと言い出して税金を払った者が土地の所有者になった、という事情がある。再開発をするときに代替地を準備することぐらいはやるのだけれど、法的な所有者に提供するので、何年住んでいたとしても「不法占拠者」とみなされるなら代替地は受けられない。たとえあっても、仕事もなにもない遠い地に提供されるのがせいぜいだ。

僕らがそうして、なすすべもなく、ただ家が壊されていくのを見ていたその時、唯一の大学生だったKYさんが、黙って男たちの方に歩き出した。実にさりげなく、確固とした足取りで家に向かっていく。

あ、危ないよ、行かない方がいいよ。構わず進んでいく彼女を固唾をのんで見守っていた僕たちの案に相違して、彼女はなんなくマシンガンの男の横を通り抜け、作業中の敷地に入っていった。迷彩柄Tシャツの男たちの方もびっくりしたものの、突然やってきた若い日本人女性をどうしていいかわからず、放っておくことに決めたようだった。

彼女は敷地の中を歩き回り、家の中にも入っていった。それからしばらくして出てきた彼女は、小さなものを手に持っていた。黒ずんだドアベルだった。

丸顔の、どちらかと言えばのんびりした童顔の彼女が、目に涙をためて言った。「今のこの気持ちを忘れないために、これを持っているの。どんな理由があるにしても、こんなことはひどい。その気持ちを、絶対忘れないために。」

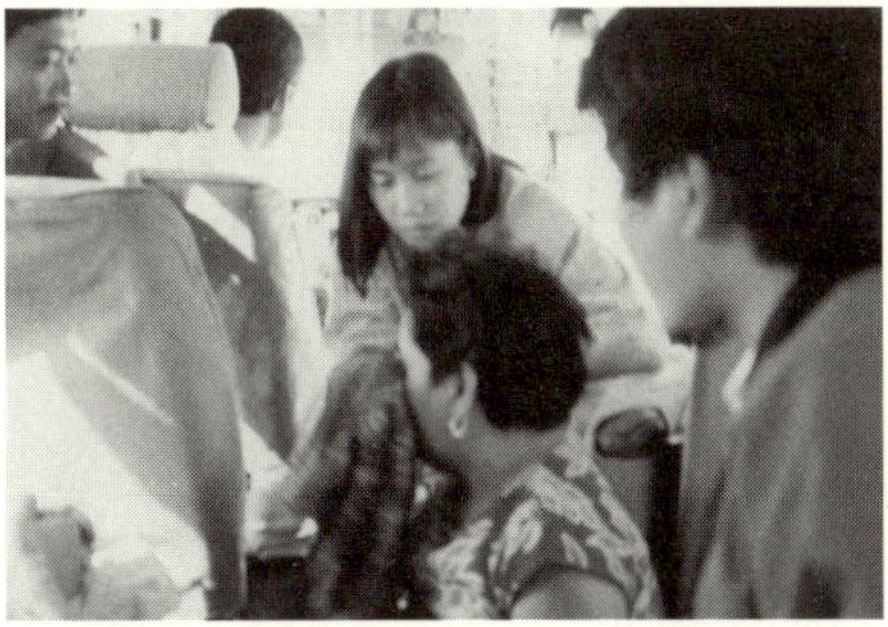

バスの中で、泣きながら訴える。タガログ語の分からない僕は、おろおろしながらこの１枚だけシャッターを押した。

ＫＹさんは当時大学四年生で、大手新聞社の記者になることが決まっていた。その彼女は、その後行ったＩＩＲＲでもこれについて聞いて回った。そして、地元の住民組織のリーダーから、とても大事なメッセージを受け取ってきた。

「日本の人たちは、日本の援助のお金がこんな風に使われていることなんて知らないに違いない。ぜひ日本で、この実態を知らせてください。そうしたらきっと、こんなひどい計画はストップされるでしょうから。」

美しい田園風景。フィリピン有数の穀物地帯ヌエバエシハ州の村で。

僕たちは、日本に戻ってから外務省に抗議をしに行った。外務省では三人の人が丁寧に応対してくれて、話を聞いてくれた。手渡した文書のコピーは今も手元にある。しかし計画は別にストップされることもなく続けられた。

近くのバタンガス港で、同じような土地明け渡しにからむ対立が流血事件となって日本のODAがしばらくストップしたのは、数年あとのことだ。

日本のODAは、ちっとも現地の人の役に立っていない。僕たちは、何度も何度も、その話を説いてきた。以前よりは少しよくはなっているが、それは多少ましというだけの話で、問題点が山積みであるのには変わりない。ODAによって、日本はアジアの人々にさらなる苦労をかけているというのが現実だ。

ダンキンドーナツで聞いた開発計画

この話は翌日に続く。

翌日、マニラに戻り、彼女は自分が就職する新聞社の支局に

ビジネス街・マカティにあるショッピングセンターの中。アメリカのショッピングモールそのままだ。バーガーキング、リーバイスショップなども入っている。

一人で出かけていった。

僕は彼女と市内で待ち合わせ、そこで彼女が聞いてきた話を教えてもらうことになっていた。待ち合わせ場所は、マビニ通りのダンキンドーナツ。アメリカ文化の影響がとても強いフィリピンでは、グローバリゼーションうんぬんのずっと前からファーストフード店があるのだそうだ。

僕は、日本となんら変わらない店構えに実のところ少しほっとしながら、コーヒーとドーナツを前に、前日のできごとをノートにまとめていた。その時、向かい側に座っていたフィリピン人女性が英語で話しかけてきた。「日本人ですか？」

もちろん、こんな時は警戒第一、友好第二だから、ちょっと距離を置きながら返事をする。なにかあったら逃げだせる体勢も必須だ。

しかし彼女は、悪意があるわけでもお金が欲しいわけでもなかった。ただ日本人と話したいだけだった。

彼女は一週間後に日本に行くのだと言った。研修生として日本の化粧品会社の工場に行くのだという。フィリピンにある系列の工場で働いていたのだが、成績が優秀なので、日本に一年間研修に行かせてもらえることになったのだった。

「研修というと、なにを教わるんだろう？」

いろいろなこと。最新の製造方法とか、マネージメントも教えてくれるらしい。サイタマにある寮に住み込んで、工場に通い、そこで働く。そして今までとは比較にならないくらい高い給料が受け取れる。私は日本に行くのをとても楽しみにしている。

当時すでにいわゆる「ジャパゆき」が問題になっていて、空港に着くなりパスポートを取り上げられて監禁され、売春させられた、などという話もあちこちで流されていたから、興味半分でどういうことなのか色々と聞いたのだが、その化粧品会社は日本でも有名な大会社で、それについては間違いがなさそうだった。

日本は政策的に、外国人労働者を受け入れないことにしている。それは現在もそうだ。しかしながら一方では、単純労働や危険な仕事などについては労働力が不足している。そこで「研修ビザ」という妙手を編み出した。研修名目で期限をつけて働かせ、期間が終わったら国に返す。六〇年代ドイツが「労働力を輸入したら人間が来た」という「失敗」を犯した、そのことへの「反省」としてつくり

庶民の足、ジプニー。思い思いの装飾をほどこしてある。スピードが落ちたところで勝手に乗り込み、「パラ（ここ）！」と言って下ろしてもらう。

だされた、日本にとってはうまい手だ。必要なときは自由に使えるし、いついてしまいそうになったら追い出せる。その彼女も、それにのって行くことになったわけだ。

東京では、電車やバスに乗るにはいくらかかるのか。食事にはいくらかかるか。服を買うのにはどのくらいの費用がいるのか。彼女は日本に行くのを目前にして、期待と不安で一杯になっていたのだ。

その時、壁に向かったカウンター席で僕たちの会話を聞いた男性が話に割って入ってきた。なかなかハンサムな、きちんとした身なりの男性だった。

自分は昨年まで日本に行っていた。たくさん金が稼げてラッキーだった。だけど日本での生活は楽しいばかりじゃなかった。自分は大学まで行き、機械工学を学んだ。でも、日本では工事現場で働

＊からゆきとジャパゆき

フィリピーナ（フィリピン人女性）のイメージは、現在の日本では必ずしもよくない。高校生の描くフィリピンのイメージの中には少なからず水商売につながるものが出てくる。いわゆる「ジャパゆき」であるが、その言葉自体がその前に存在した「からゆき（唐行き＝外国行き）」をもじったものだ、ということはどのくらい知られているだろうか。「からゆき」こそは、貧しかった時代の日本人女性海外労働者だ。

「フィリピンにも多くの日本人が建設労働者、売春婦（からゆきさん）、大工、漁民、せんべい売りとしてやってきたが、大部分は売春婦であった。（中略）上品な日本婦人でさえマニラの通りを歩けば売春婦に見間違えられるほどであった。」〔**『アジア読本・フィリピン』**宮本勝・寺田勇文編、河出書房新社〕。

現在フィリピンでは、海外労働者は国の英雄とまで呼ばれて奨励されている。そのフィリピン経済への貢献は無視できず、一説には全労働人口の五％が海外で働いているという。そうして日本に来るフィリピン人女性に水商売関係が多かったのは事実で、九二年の「マリクリス・シオン事件」はそれを象徴する事件だった。これは日本の観光地のバーで働いていた女性が変死した事件で、検死の結果は事故死とされたが、裏社会の関与が取り沙汰された。この事件には日本で働くフィリピン人女性の過酷な状況を象徴するものとして当時のフィリピン大統領も関心を示し、事実の確認を求めたアクションが日本でもフィリピンでも展開された。

こうした状況を受けて、現在では、日本でエンターテイナーとして働くのはかなり難しくなっている。フィリピンでまず厳しいオーディションがあり、日本側でも高い関門をもうけていて、「ジャパゆき」の数は減りつつある。その他の国ではもともとメイド、ベビーシッター、建設労働などに従事する者の方がずっと多く、香港やイタリアではフィリピン人と言えばメイドというイメージになっているという。

一方、往時の日本は売春を外貨獲得のために国策として黙認していた節がある。一九九五年に公開された貴族院秘密会議録によれば、明治二四年に明治政府は「国の権威にかかわる」として海外売春禁止法案を提出したが、院内で反対意見が相次いだため審議することなく撤回したという（時事通信ニュース・一九九五年六月四日）。

フィリピンではないが、ボルネオ島のサンダカンという小さな町でからゆきさんとして働いていた老女との出会いを描いた女性史研究家山崎朋子の労作**『サンダカン八番娼館』**〔筑摩書房〕は七三年のベストセラーとなっている。山崎は天草でその女性に会うのだが、天草はその耕作面積のせまさから貧困農家が多く、特にからゆきが多かったという。今のアジア各国の状況とよく似ている。同作は熊井啓監督・田中絹代主演で映画化され、現在もビデオで観ることができる。かつての美人女優田中絹代の体当たり演技という点でも当時話題になった。

＊ジャパニーズ・フィリピーノ

一時期ジャピーノという名で紹介された、主に日本人男性とフィリピン女性の間に生まれた子どもたちをこう呼ぶ。様々な事情により父親が行方不明になってしまった子どもたちが多い。その数は推測で千人から数万人まで差が大きく、実態は分かっていない。数年前、フィリピン政府はジャパニーズ・フィリピーノ支援政策を打ち出して申請を待ったが、案に相違して申し出たのは百数十人にとどまった。

子どもたちの多くは、お金の問題ではない、とにかく父親に会いたい、と言う。その父親探しを支援する現地NGOもいくつか存在する。その草分けのひとつ「ドーン」は、子どもたちのセラピーに演劇を取り入れていて、毎年その子どもたちの劇団「あけぼの（dawn）」が日本を訪れて公演を行っている。父親に会ったり、父親を探したりするという目的もあるが、名乗り出ている父親はわずかで、会えても日本の家族に内緒でこっそりと来るとか、探し出してみたらすでに死去していたなど、どの子もさまざまな問題を抱えている。そんな子どもたちが力強く前向きに生きる姿を前面に打ち出した演劇は、稚拙さはあるけれど感動的だ。

『女たちがつくるアジア』〔松井やより、岩波新書〕が、海外に出稼ぎに行ったアジア女性とジャパニーズ・フィリピーノについてレポートしている。

＊外国人労働者

ドイツでは、労働力不足を補うため、一九六〇年代に様々な国と労働者受け入れの国際協定を結んだ。ガストアルバイターと呼ばれる、一定期間だけ仕事をして帰っていく労働者を受け入れる協定だったのだが、スペイン、ギリシャ、トルコ、チュニジアなど十数カ国から続々と外国人労働者が到着し、その数は一九七一年には二〇〇万人に膨れあがった。

短期で受け入れたはずの労働者たちは家族を呼び寄せる。子どもも生まれ、ドイツで生まれた子どもはドイツ人になるので、その親も定住するようになる。そうしてドイツの外国人は劇的に増え、それに伴ってさまざまな問題が起きるようになった。八〇年代には流入を制限し、帰国促進策なども取り始めたが、東西ドイツの統一後も増え続け、現在ではおよそ七〇〇万人の外国人がいるという〔**『国際労働異動のグローバル化』**法政大学比較経済研究所、法政大学出版局〕。フランクフルト市などの自治体は多文化共生策で名高いが、反外国人を標榜するネオナチの台頭など、問題も大きい。

七〇年代までむしろ労働力輸出国であった日本は、八〇年代労働力不足が顕在化してからも、外国人受け入れには非常に慎重な政策をとってきた。それでも、経済格差があれば労働者はやってくる。それを「不法滞在」としておけば、労働者を使いたい側にとっても都合がよく、いらなくなったら追い出してしまえばよい。そうして不当解雇、給与未払い、労災未認定などの問題が続出し、外国人労働者を守る「カラバオの会」、女性のシェルター「女性の家サーラー」など、外国人の人権を守るＮＧＯが次々に作られて全国組織のネットワークを構成するようになったのもこの時期だ。

日本三大ドヤ街のひとつと言われる横浜寿町で

活動する「カラバオの会」は、一九八七年に結成された。日本人を対象とした炊き出しなどをしていたボランティアのところに、給与未払いの件でベトナム人が相談にきたのがきっかけで設立され、それ以後急速に増える外国人労働者を支援する団体の草分けとして、信頼を得ている。現在は、そうした労働問題の解決のほかに、日本語講座やコンピューター講座などを開いて、自ら仕事を切り開いていける技術の習得の手伝いもしているところだ。

日本が限定的にせよ外国人労働者受け入れに転換したのは、バブル経済まっただ中の一九九〇年のことだ。この年の入管法の改正で日系人と研修生名目の外国人労働者を受け入れることが認められた。現在日本には、永住権を持つ者を除いて、適法不法を合わせて六〇万人以上の外国人労働者がいると推定されている〔**『日本の労働』**「労働の国際化」日本労働研究機構〕。すでに外国人労働者なしでは成り立たない社会になっている。

その一翼を担う「不法滞在」外国人は、出入国管理法によって許可された滞在条件・期間に違反しているという一点のみが不法なのであって、それ以上のものではなく、基本的人権は守られる必要がある。九〇年代半ばには、そうした観点から行政事務所レベルで生活保護の適用例も相次いだ。その後不適用を支持する判例や外務省の見解などが出て、現在では生活保護は難しくなっているが、労災の適用や子どもへの義務教育の実施などは行われる。議論の余地のあるところではあるが、なによりも重要なことは、「労働力」も人間だ、という認識だろう。そうした認識のないところで差別が起き、ホームレス襲撃が起きる。市民を巻き込んだ「多文化共生」政策が重要となる所以だ。

『人びとのアジア』〔中村尚司、岩波新書〕が、アジア人花嫁、出稼ぎ労働者についてページを割いている。

くしかなかった。日本人には、ゴミを見るような目で見られたし、入国管理官も警官も、最初から犯罪者を見るような目で見ていた。給料は劣悪で、三ヶ月分踏み倒されたこともある。友人はもっと悲惨で、印刷機にはさまれて指を二本も失ったのに、クビになって終わりだった。

日本に行くのは悪くないけれど、それなりの覚悟はした方がいい。自分はもう行きたくない。自分はＪＩＣＡのカラバルゾン計画に期待している。もともとバタンガスの出身だから、村に戻って、そこから会社に通えるならばそんなにうれしいことはない……。

彼の話し方には、いささかの日本人に対する恨みも含まれているようだった。

僕はもちろん、その前日の経験について話した。しかしその男性の返事はちょっと意外なものだった。彼は、「フィリピンが貧しいからそういうことが起こるんだ」と言った。

「その女性は、その土地を持ってなかったのだろう？　それはお金がなかったからだ。どうしてお金がないのだと思う？　仕事がないからだ。フィリピンが日本みたいに金持ちの国になって、みんながきちんと仕事ができて、自分の家がきちんと持てるようになれば、そういう悲劇も起こらない。だからフィリピンはもっと発展しなくてはならない。そして、発展するためには、今はカラバルゾン計画のような日本の援助が必要なんだ。」

発展するためには工業化が必要かどうか。そこには議論の余地がある。日本と同じような「発展」の仕方をするためには確かに工業化が必要だけれど、日本のようではない、しかし豊かな国もあるはずだ。

フィリピンの子どもたち。撮られるのは、うれしくて、ちょっと恥ずかしくて。

日本は豊かな国か、と聞かれたら無条件にそうだとは答えにくい。経済的には豊かだけれど、とか、日本では企業は金を持っているけれど、とか、なんらかの「but」を付け加えたくなる。本当に豊かなのかと聞かれたら、むしろ、ちがう、と言いたい。いくらモノがあっても豊かさが実感できない、ものを持つために時間を犠牲にしている、そんな精神的な部分での貧しさは、多くの日本人が多かれ少なかれ感じている。

でも、その男性の意見は分かりやすく、しかも当事者の発言だけに僕としては反論しにくかった。

僕はその男性と挨拶を交わし、女性には万一困ったことがあったら連絡するようにと住所を知らせた――日本生活は順調だったらしく、連絡は来なかったが――。

その二人がそれぞれ去った数分後、KYさんがやってきた。僕は今までのことを伝えた。カラバルゾン計画も、絶対にいけないとは言えないのかもしれない、と僕は言った。

彼女は彼女で多少困惑していた。昨日のことを伝えに勇んで支局に行ったものの、フィリピンの経済状況、これからのこと、なんのための計画なのか、そんなことを先輩記者に説明され、どう考えたらいいのか分からなくなった、と言った。

それ以来、僕はＫＹさんに会っていない。今も彼女は、あのときのドアベルを持っているだろうか。今は彼女は、どう思っているだろうか。初心をつらぬく仕事をしているだろうか。

chap. 3 豊かな国はどこにあるのか

開発されていくとどうなるのか

デベロップメントという英語は、日本では、開発、あるいは発展、と訳される。もう一つ「展開」という訳もあって、「三つの漢字の順列組み合わせになっている」、と社会学者の佐藤寛氏は教えてくれたけれど、自動詞か他動詞かの違いもあり、一般に使われる場合の微妙なニュアンスの違いもあって、一筋縄ではいかない。開発は無条件に大事なことだと考える人もいる。発展はいいけれど、開発には悪いニュアンスがある、という人もいる。

日本は経済指標でいえば世界でも最も開発された国——a developed country、日本語訳で「先進国」——であることは間違いない。では、外務省用語で「開発途上国」、経済産業省用語で「発展途上国」

どこか懐かしい田園風景。日本のようでもあり、フィリピンらしくもある。イフガオ州。

――a developing country、発展している最中の国――と呼ばれる国々は、いつかは日本のような「先進国」になるのだろうか？

「草の根援助運動」が主催するツアーに参加した多くの学生に聞いてみると、否定的な答えが多数派だ。その理由には精神的なものをあげる学生が多い。特にツアーから帰ってきた直後に聞くとそうした答えが多くなる。ものはないけれど、子供たちがみな楽しそうだった。家族で楽しく過ごしている様子を見ると、今の日本の方がいいとはとても思えない。学生たちは、口々にそう言う。

大学一年のAさんは、ツアーの感想集にこんな風に書いた。

「ホームステイした家では、トイレは流れないからバケツに水を汲んで流すし、シャワーなんてなくて井戸から汲んだ水で体を洗うし、寝る

＊「発展途上国」

発展途上国、または開発途上国という言葉には抵抗感を持つ人が多い。さすがに「後進国」という言葉は使われなくなったものの、その言葉の根本に、開発あるいは発展をし尽くして先進国に至る、という進化論的な考え方がある以上、当然といえる。国連統計では、そうした言葉を避けるために、more developed region（多く開発された地域）、less developed region（少なく開発された地域）という言葉を使ってその感覚を緩和しているが、日本語ではぴったりする訳がなく、結局「先進諸地域」「開発途上諸地域」などと訳すしかなくなってしまう。しかし、それに代わるよい言葉がないことも事実で、ＮＧＯ関係者は、「南」と言ったり、「第三世界」と言ったりする。

「南」というのは、かつての東西対立に対して南北対立という対立軸から見た言葉だ。主にヨーロッパから見て、旧植民地は確かに南に位置する。しかしながら、経験的にはともかく、オーストラリアが北の国でネパールが南の国というのは地理的には受け入れがたく、使い勝手が悪い。僕は、授業で、オーストラリア製の南北が逆になっている世界地図を使ったすぐあとに「南北問題」「南の国と北の国」の問題を扱ったために生徒に混乱を引き起こしてしまった経験がある。概念的な「南」と地理的な「南」は、分かっている人にはよいのだが、難しい面があるのも事実だ。

「第三世界」は、一九五〇年代、フランスの精神科医であり革命家でもあったフランツ・ファノンが、資本主義国圏、社会主義国圏と並ぶもう一つの勢力としてアジア・アフリカなどの国を総称して使った。日本語には少し前に石原慎太郎東京都知事が使って物議をかもした「第三国人」という差別語があり、それとの類推もあってこの「第三世界」にも「後進国」というのと同じようなニュアンスを感じる人がいることは確かだが、アルジェリア解放闘争に身を投じたファノンは、それを「自立的な共同体」「全的人間の可能な場」として位置づけて、むしろ誇らしげに使っている。(**『地に呪われたる者』**、フランツ・ファノン著作集3、みすず書房) いささか理想主義的匂いのする言葉ではあるが、この言葉は当事者国にも広く受け入れられている。

たとえば、G7サミットに対抗して開かれている指導者会議は、G77第三世界サミット Group of 77 Third World summit と名付けられている。77というのは設立当初の国数だったようだが、現在では百三十ヶ国以上から指導者層が集まり、国連事務局長なども参加する大きな会合だ。キューバのカストロ議長、ナイジェリアのオバサンジョ大統領らがリーダーと目されるこのG77は、G7国に対して、債務の削減、WTOによるグローバリゼーション化などへの反対を決議したりする無視できないパワーになっている。

こうしてみると一番使いやすそうな「第三世界」という言葉であるが、一つ大きな欠点がある。反対側(G7側)の国を指す言葉がないことだ。植民地の反帝国主義闘争として出発したファノンの視点からは、「第一世界」は資本主義国、「第二世界」が社会主義国なのだが、世界の構造が大きく変化した今、その呼び方はいささか現実離れしている。仕方なく、「第三世界」と「北」という、さらにわけの分からない使い方をするしかなくなってしまうのだ。

ときは板のベッドや地面に一枚布を敷いて寝ていた。だから、物質的に見れば本の言っていたことは正しいのかもしれない。だけど、そこで暮らしている人たちの生活を見たら、それは、日本での生活よりもはるかに人と人の距離が近い『人間らしい生活』だったと思う。そして、それは私たちに欠けているもの、必要なものだと思う。今まで何回も、中学校や高校の授業の中で本当の豊かさは物質的なものではないということを教わってきた。そして、そのつど私はちゃんとそのことに納得して、頭の中で知識としては分かってきたつもりだった。しかし、今回、実際に自分で体験して私はやっと本当に分かることができたと思う。」

日本から持参したシャボン玉で遊ぶ。ツアーに参加した学生たちは、子どもたちが伸び伸びとしていることに驚き、感激する。バターン州カプタニン村。

幸せ度、というようなものを指標にしたら、フィリピンと日本、どちらが高いポイントを得るだろうか。笑う回数ならどうか、あるいは、今現在の満足度ならどうか。気持ちの落ち着き度ならどうだろうか、人々の不機嫌度というものを指標にしたらどうなるだろうか。

夕食前のひととき、いわゆるたそがれ時。夕日が赤く差し込む大きな木の木陰の下に置かれた縁台で、家族のみんなが家の前に出て涼んでいる。おばあちゃんとお母さん、それに子どもは、なんのゲームなのか、一緒にカードを囲んで笑いあっている。おじいちゃんが遠くの山を指さして、孫に話しかける。孫は上機嫌だ。その横でお父さんが、まだ小さな赤ん坊を抱きかかえ、手を取り足を取ってあやしている。

まるでなんとかハウスのコマーシャルのようなこんな風景を、フィリピンで、インドネシアで、僕は何度も見かけた。見かけたどころか、インドネシアを走る車の中から見た村の家々では、そこら中でこんな光景がひろがっていた。あ、外国人だ、子どもが指さす。ほんとうだ、こんにちはー、お父さんが赤ちゃんの手を取って振ってみせる。おじいちゃんが鷹揚に、興味津々の日本人ツーリストにうなずいてみせる。

この余裕はなんなのだろう？　これが発展途上の姿なのか？　この人々はこれから、どういう具合に開発・発展・展開していくのだろう？　学生でなくても、疑問に思うだろう。そして、ますます多くの日本人が疑問を感じ始めている。

僕たちは、けれど、どこを目指せばいいのだろうか？

フィリピンで。夕方、テラスで涼む。男の子３人の兄弟、お母さんは看護婦。

アメリカが好きなわけ

僕はアメリカが好きだ。これは開発やＮＧＯに関わっている人間としては少数派で、どちらかと言えばフンとバカにされることに属する。僕自身、アメリカのどうしようもない自国中心主義とか、暴力好きなところとか、拝金主義とか、およそ気に入らないものはたくさんある。アメリカ主義たるグローバリゼーションだって反対だ。

それにも関わらずアメリカが好きなのは、アメリカに住んでいた二年間に知り合ったアメリカ人たちが、大らかで優しく、気持ちが良かったからだ。

僕は大学卒業とほぼ同時にまず結婚し、二人で今でいうフリーター的なアルバイト生活をしながら金を貯め、大した目的もなくアメリカに行った。滞在許可を第一の目的として妻が学生ビザをとり、僕はその同伴者ビザというものをとって、二年間をアメリカで過ごした。お金を使い果たし、日本に帰ってきたときがちょうど高校を大増設していた最中だったので教員の仕事に就くことができたのだが、今だったらおよそまともな仕事はないかもしれない。

日本でお金を貯めていたときも、アメリカに行ってからも、貧乏生活ではあった。先の見通しがあったわけでもないので、結構無謀な生活だったわけだ。

僕は一人暮らしのおばあさんの運転手兼雑用係をやって、そのおばあさんがつくるスープをもらってきて夕食にしていた。妻は近所の家の掃除をし、そこで古着をもらって着たりした。ちっとも惨めな気持ちがなかったのは、若かったせいもあるだろう。けれど一番大きな理由は、多くのアメリカ人たちが、大らかに、気楽に人生を楽しめ、というメッセージを送ってくれていたからだと今となると思う。

一軒の古い家を二つに仕切った「デュプレックス」の片側を借りて住んでいたのだが、もう片側に住んでいたデニスとジーン、それに十二歳のセレステの家族は、僕らがアメリカに行った初めての日曜日、近くの公園でのバーベキューに連れ出してくれた。結婚はしていないデニスとジーンは、それからも、夕食に招待して一緒にビートルズを聴かせてくれたり、勉強用に本やタイプライターをくれたり、パーティに連れて行ってくれたり、実に親切にしてくれて——しかもそれが、ちっとも親切そうでない気楽さでやられるのがミソだ——僕と妻をアメリカびいきにしてしまうのに充分だった。

そしてまた、その学生町、カリフォルニア州チコ市全体に、大らかな気楽さが満ちていた。

郵便局で手紙を出すのに並んでいると、前の人と後ろの人が話し始める。週末に町の公園で開かれるコンサートの話だったりするのだが、目が合うと「で？　キミも来るかい？」と突然聞かれてしまう。「ラテンは嫌いかなあ？　でも一度聴いてみるといいよ、その価値はあるよ。」気がついてみると、一緒に話をしていたその人と僕の後ろの人と、それにもう一人、口をはさんでいた別の人とが、その誰も初対面だったりするのだ。

そうした、人と人との壁の低さに、僕は感激してしまった。知らない人でも、目が合えばハアイと挨拶する。バスに乗り合わせても、目が合うとなにか言葉を交わす。それは実は、相手に敵意がないことを確認するための必要からでもある、ということを僕はあとで気づきもしたけれども、それでもその人間が気楽につき合える様子は気持ちよかった。

それがしかし、必ずしもアメリカの特質ではない、ということに気づいたのはかなりあとになってからだ。そういうおおらかでしかもディーセントな人（decent　上品・寛大）――高校生の頃から新刊が出るたびに読む小説家・大江健三郎の言い方だが――は、実はどこにもいた。僕が訪ねた国々の人もそうだったが、ジュビリー二〇〇〇、債務帳消しキャンペーンの中で出会ったアフリカや中南米の人々もまた、とてもおおらかで、オープンで、ディーセントだった。

修学旅行の下見で初めて行った沖縄の人も同じだった。

僕ともう一人の教員は、ガイド役として立派な五十過ぎの男性に三日間つきあってもらい、駆け足で見て回ったのだが、それはまた不思議な体験だった。

観光施設に行くと、彼は、チケットボックスの人に声をかけ、すたすたと裏の方に歩いていく。そこで観光施設の担当者が出てくると、沖縄語で話をし、それから僕らを紹介する。僕たちは当然、彼がその人たちみんなと知り合いなのだと思っていたのだが、そうではなかった。ほとんど全ての人が、初対面の人なのだという。

にわかには信じがたい。どう見てもみんな昔からの知り合いだった。しかし確かに、それにしてもちょっと知り合いが多すぎる気はしていた。なんだかみんなして僕を騙しているような気さえしたものだ。その疑問が氷解したのは、その後二度三度と沖縄に行くようになってからだった。

人と人との壁が低い。僕が会った多くの沖縄の人は、無防備といっていいくらい、壁をつくっていなかった。知らない人でも気楽。一度会えば兄弟、いちゃればちょーでー、という沖縄言葉に感激して見回してみると、沖縄の人たちはみな確かに、ちょーでーばかりのようだった。

そうして見回してみると実は、世界のあちこちで、人々はちょーでーの関係を持っていることに気づいてくる。人と人とのつきあい方は本来、「ちょーでー」状態なのだ、ということに気づき、これについても自分の方が少数派だったのだ、と分かってきたのはずいぶんあとになってからだった。

日本国内でも、いわゆる田舎に行くと、そうした体験があちこちで待っている。寝袋を抱えて旅した高校一年の夏、陸奥湾を見渡す列車の中で向かいのおばあさんにおにぎりをもらって感激したのも、その壁の低さを体験したからだ。

なんということはない。僕の生活圏である都会では、

インドネシア・ジョグジャカルタ。街角のドリアン売りの家族。四人は子どもたちで、お母さんがシャッターを押してくれた。その場で切って食べさせてくれる。おいしかったが、食べ過ぎて気持ち悪くなった。

小型のボート（バンカ）で、二人一組で出漁する。朝三時から四時の間に出て、八時には戻ってくる。

人々は壁を高くしないと生きていけない。たくさんの人がいて、しかも失うものが多い人々は壁を高くするし、門もつくる。失うものが少なければ、壁もまた低くていい。人間は本来、そうして生活できるものだったのだ。そうした人間同士のつきあい方をこそ「豊かさ」と呼ぶべきもので、金とモノと便利さを手に入れた都会人たちが失っていたものだったのだ。

貧しい村で壁が高くなること

この、人と人との壁というのは、はっきりと目に見えることもある。

毎年学生を連れてホームステイに行くフィリピン・バターン州のマニラ湾沿岸・カプニタン村では、多くの家は鍵をかけていない。それどころか、入り口のドアすらなくて、ただのむしろのようなものが懸かっているだけの家もある。

この村は一九六〇年代、食うに困ってよそから流れてきた人々が、海沿いの砂州のような場所に住み着いたところから始まった。

フィリピンでは一般的にそうなのだが、地方で食いつめた人々は、故郷を離れ、もう少し食べられそうな、もう少し人の多い地域に引っ越してくる。もちろん現金などほとんど持っていないので、家を借りることもままならず、空き地に住み着く。マニラなどの都会であれば、それは川沿いであったり、道路の中央分離帯であったり、列車の幅だけをかろうじて避けた線路敷地内であったり、空港の隅であったりする。そしてこのカプニタンでは、それが海岸だったのだ。

住民の多くは今は漁師となっていて、小さなボートで目の前の海に出て行き、小魚をとって生活している。マニラ湾の汚染と海資源の減少はすさまじく、その漁獲量はほんとに少なくて、一度の出漁でバケツに半分獲れれば大漁だ。比

これが一回の漁獲量。船のガソリン代を出すと、赤字かもしれない。

喩でなく、一匹だけなんていうときも珍しくない。そのバケツ半分の魚を売って、五十ペソになればラッキー。一日二回出漁して、百円ぐらいを稼ぐのがせいぜいだ。

そんな村だから、掘っ建て小屋のような家が多く、中は土間で、寝るスペースだけ竹の床があり、あとはテーブルと椅子があるだけ。風呂もトイレもない。高潮でもあればすぐに冠水する。台風が来れば住んではいられないから内陸側の誰かの家に避難させてもらう。鍵を掛けるもなにもない。盗られるようなものなどないのだ。

ところがこの村でも、小金を貯め込む家はある。店のガードマン、看護婦などそれなりの給与をもらえる仕事に就ければいいし、中東や香港、日本のようなところに家族の誰かが出稼ぎに行けば、一年で普段の何十年分かの収入が得られる。テレビやカラオケ、冷蔵庫やビデオまで買って、立派な家に建て替えられる。塀がめぐらされ、門まで建ち、その門にまで鍵がかけられるようになる。そういう家では、縁側に涼みに出ることも少なくなり、他の家のように近所の子どもが出たり入ったりすることもあまりない。自然にコミュニティの人とのつながりも薄れていく。たまたまそういう家にホームステイさせてもらうことになった学生は、こんなことを言っていた。

「なんかみんなの家とちがう。私たちの泊まった家って、普通の日本の家みたいだった。家族もあまりしゃべってくれないし、普通にテレビ見て、普通に寝ちゃった。」

都会で隣近所とのつきあいが少なくなるのは、ごく自然なことだ。コンクリートのマンションに住んでいると——僕自身の家がそうだが——隣の人が何をしているのか知る術がない。隣の人が出入り

網を繕う。楽しげなおしゃべりと、ゆったりした時間。生活は苦しいが、あくせくした感じはない。

しても見えないし、自分が出入りするときにも出会わない。まさに「壁が高い」わけだから、隣の人と気楽に話そうとしても無理というものだ。

壁が高い。それは比喩であると同時に、実際の壁にも関係してくるらしい。

chap. 4　なんのために開発するのか

ローズが北欧で言われたこと

「草の根援助運動」のパートナーであるインドのＮＧＯ、ニュー・ホープの代表エリアザー・ローズ氏が、こんなことを言った。

「数年前、スウェーデンのＮＧＯに招待されて話をしたんだが。会場にいた年輩の女性が立ち上がって、こんなことを言ったんだ。『私はあなたのＮＧＯを支援するつもりはない。あなたたちは貧しいかもしれないが、この国の現状を見てほしい。若者たちはロックとドラッグに走り、暴力と享楽にふけっている。援助したって、いずれこんな国になるだけだ。だから私は援助はしない。』」

「それで、ローズはなんて言ったの？」

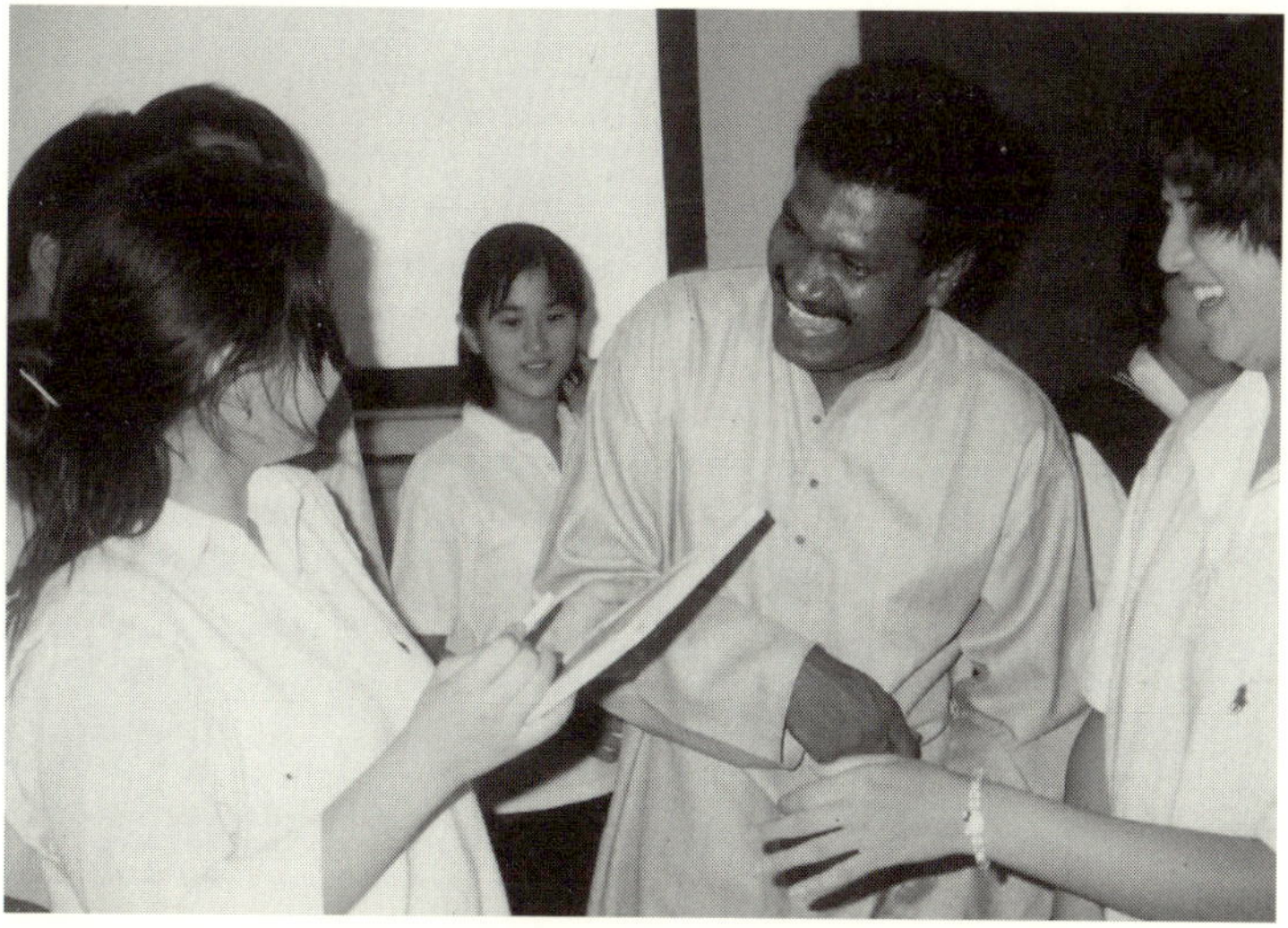

日本の高校で、ゲスト授業のあとのローズ氏。生徒たちはおずおずと、しかし興味津々で色々なことを質問した。

「私は、こう言ったんだ。『あなたたちは今、ここ（と頭の高さに手を出して）にいる。それに対して私たちはここだ（と膝の高さを示す）。ここからここに行く間に、いろいろ間違ったこともあるかもしれない。でも、それは私たちに任せてほしい。今の私たちには、なにも選べない。ここ（頭の高さ）になにがあるのかも分からない。せめて人間として、自分たちで自分たちのことが選べるようになりたいのだ』ってね。」

このローズ氏の言葉には説得力があると僕は思う。自分たちが選べるようになるまでは、手伝ってほしい。哲学ではなく、感情に訴えるものがある。

ところが、この話を学生たちにすると、しばしば首をかしげられてしまう。よく考えている人ほどそうで、むしろその、スウェーデ

漁村の子ども。引っ張っているのは、プラスチックのボトルでつくられたバンカ（小型ボート）。漁から戻ったお父さんが作ってくれた。カビテ州サンタ・メルセデス村。

ンの老婦人の方に共感される場面がしばしばある。

カプニタン村を訪れたあとの学生たちは、特にそうだ。

村の子どもたちはいつでも楽しそうだ。最初こそ恥ずかしがっているものの、慣れてくると、とてもオープンで、元気に遊ぶ。子だくさんでもあり、どの子がどの家の子なのかよく分からない。色々な子が色々な家に出入りをしている。朝起きて外に出ると、もうそこで村の子どもが遊んでいる。道具は小石だったり、ココナツの殻だったり、お父さん手作りのボートのおもちゃだったりする。

大人たちもまた、壁が低く、素敵な人たちだ。ある学生が、こういうことを発見した。ここでは子どもが、だれも怒られていない。

もちろん、叱らなくてはならない場面はある

いったん友だちになったら大変だ。カメラを向けたら、僕も、私もと撮ってもらいたがる。プリントして次に行った時に渡してあげる。

だろう。けれど、日本でしばしば見るような怒られ方をしていない。

日本の子どもは色々な場面で怒られている。スーパーマーケットで、手をついて積み上げた洗剤を落としてしまった子は、「だから！　気をつけなさいと言ったでしょ！」と怒られる。それどころか、転んで泣いても同じセリフで叱られる。遅いといっては怒られ、目の前の犬に気を取られては怒られ、手を出して吠えつかれでもしたら、大変な事態だ。犬が悪いのではない。子どもが悪いのだ。

そんな、もっぱら大人の都合による怒られ方が、カプニタン村では、確かにどこにも見られない。近所のおじさんに集めた木の実を見せている子どもは、おお、いいものをみつけたねえ、と優しい笑顔で迎えられる。子ども同士のケンカは、限度を超えそうになるまではどこかで大人が注意深く見守っていて、頭ごなしに止めるということもない。僕が見た唯一の叱られた場面は、遊びがエキサイトしてケンカになり、一人の子が石を投げつけた時だった。

日本の都会に住む僕にとって、子どもをそうやって叱りつけないというのは至難の業だ。かなり気をつけていても、ついやってしまう。面白い振り付けを考えて踊って見せようとする娘を叱りつけて後悔するのは、今でもよくあることだ。

どうして、カプニタン村のようにならないのだろう。なぜ、村ではゆったりと子どもを受け入れられるのだろう。

そうした子どもの育てられ方を見て、あちらの方が豊かだと学生が思うのは無理もない。援助をすることによって、この子どもたちが家のテレビに夢中になり、テレビゲームに熱中し、塾に通い、ピアノを習うことになったら？　そして誰も遊ばなくなり、大人たちも忙しくなって子どもを叱りつける毎日になるのだとしたら？

学生たちの疑問は、それなりにもっともではある。

P2ユース

三年前、「草の根援助運動」の中に、学生班としてP2ユースという組織を立ち上げた。スタディツアーに参加した学生たちに、それで終わらせることなく具体的な活動の場を持ってほしかったからだ。

スタディツアーで。スラムの住民組織代表に話を聞く。フィリピン・マニラ近郊ナボタス地区。

ひとつの援助プロジェクトを任せ、資金集めから日本国内向けの報告活動までを責任もってやってもらうつもりだった。

ところが、学生たちはほぼ一年間、議論を続けた。集まっては議論し、本を探し、また議論することのくり返しで、具体的なプロジェクトがなにひとつ始まらなかった。

議論していたのはまさに、援助は必要なのか、ということだった。援助をすることでコミュニティをこわしてしまうのではないか。自分たちがやろうとしているのは本当に必要な援助なのか。援助によってかえって悪い影響がでるのではないか。それを学生たちは延々と議論していた。

僕たち運営委員の側ではとても歯がゆかった。僕は何とか突破口を開こうと、学生たちを集め、援助とは何か、開発とは何かについい

＊開　発

development（開発）の語源は、de（外へ）envelop（包む）で、中にあったものを外に解き放つという意味がある。日本語の開発はもともと仏教用語で、かいほつと読み、仏となる性質に目覚めて悟りを開くという意味だった。未開の土地を外から開くという意味で使われるようになったのは、明治以降の近代化の過程でのことで、それ以後もっぱら満蒙開発、地域開発などのように政府が上から行う事業を指すようになった。〔**『仏教・開発（かいほつ）・ＮＧＯ』**西川潤・野田真里編、新評論〕開発はまた、第二次大戦後の東西冷戦の中で「貧しい国々の共産化を防ぐ、西側の世界政策の一環」としての意味をおびることにもなった〔**『岩波講座・開発と文化１』**「いま、なぜ『開発と文化』なのか」川田順造、川田順造・岩井克人他編、岩波書店〕。

未開から開発へ、という文脈の中で、「開発」という言葉は近代化の価値観をそのまま含んだ言葉になってしまっている。国際ＮＧＯの現地事務所長から、東ティモールの国連民政官を経て二〇〇二年春まで国連平和ミッションの部長としてシエラ・レオネで活躍していた伊勢﨑賢治氏は、著書**『ＮＧＯとは何か』**（藤原書店）の中で、「開発とは、『集団』に対する投資である。」「開発とは貧富の差を拡大しながら進むのだ。」というような冷静で醒めた見方を示し、開発の限界と残酷さを認識しながら進まざるをえない開発援助の現場の状況を読者にぶつけている。そうした「開発」に見切りをつける形で「開発が完了した世界とはどのような世界だろう。われわれにはわからないが、うんざりするような世界、しかも危険でいっぱいの世界であることは確かだ。」「開発には何らの中身もないが、一つの機能だけはもっている。あらゆる介入を高い目標の名によって正当化するという機能だ」と書いているのが、『脱学校の社会』等で有名なイヴァン・イリッチ他を共著とする**『脱「開発」の時代』**〔ヴォルフガング・ザックス編、イヴァン・イリッチ他著、晶文社〕だ。この『脱「開発」の時代』は、あらゆる角度から「開発」のいかがわしさと行き詰まりを検討し、その呪縛から逃れよう、と考える著者たちによる、非常に刺激的な「反（脱）開発」本であるが、一つの極北を指し示している良書だ。

一方、開発に背を向けるのではなく、代わりに新しい意味を付与しようというのが、本文中にある「持続可能な開発」であり、国連開発計画UNDPの提唱する人間開発 human development であり、その人間開発を究極的な目標とする endogenous development（内発的発展と訳される）であり、前述した西川潤の紹介する開発（かいほつ・パワナー（タイ語））である。

人間開発とは**『人間開発報告書』**〔国際協力出版会〕によれば、「人々の選択の幅を広げる過程」であるという。内発的発展とは「それぞれの地域の生態系に適合し、地域の住民の生活の基本的必要と地域の文化の伝統に根ざして、地域の住民の協力によって、発展の方向と筋道をつくりだしていくという創造的な事業」〔**『鶴見和子曼荼羅IX　環の巻』**鶴見和子、藤原書店〕であり、パワナーは、西川によれば「物欲を自制しつつ、掠奪的でない自立的・内発的な調和のとれた節度ある開発／発展をめざすもの」である。

て話をしたのだが、それは逆効果だった。僕は答えを言わずに問題を提示したのだが、彼ら・彼らは、答えを欲しがっていた。

そうした議論はとても大事だ。僕たちだって、本当の答えは持っていない。援助にはみな、いい面と悪い面がある。それに気付かないと、自己満足どころか、悪い結果にさえなる。

たとえば奨学金。多くのNGOが、個人に対する奨学金のプロジェクトを進めている。学校に行きたいのに行けない子どもに対して、学費を援助して学校に行けるようにするのは、素晴らしいことのように思える。しかし、それには無視できない悪い側面がある。

一つは、それによって村の若い人口が減る、ということだ。中学校へ進み、大学にまで行きたいとなると、都会に出るしかなくなる。教育を受けた者が地元を去っていくのは、日本でもごく普通に見られる現象で、日本の農業人口が減ってきた根本的な理由の一つにこれがある。これを止めることはできない。

ちょっと話がそれるが、国全体で考えると、医者や看護婦の問題がよく似ている。大学で医者や看護婦の資格を取ると、フィリピンの場合英語のハンディがないので、どこの国でもひっぱりだこになる。海外に行けば、何倍、何十倍の収入も夢ではないので、どんどん出て行ってしまう。こんなわけでフィリピンは現在、医者に関して世界一、看護婦に関して世界第二位の輸出国になっている。

もう一つの難しい問題は、貰える子と貰えない子の線引きだ。兄弟が多いフィリピンでは、一家族の中でも、貰える子と貰えない子が出てくる。学用品を買うために受け取ったお金を他の子のために流用したら問題になるだろうし、逆にその子だけにお金をかけたら他の子たちがかわいそうだ。家族だけでなく、コミュニティの中でもそうだし、NGOに愛想のいい子が受け取れる、という事態も考えられる。

実際、援助はすべて差別を助長する、と主張する人もいるほどだ。フェリス女子大の横山正樹教授は、ボランティアが井戸を掘ってあげたら、土地の所有者が使用料をとって儲け始めた、という例をあげて、援助はしない方がよい、とさえ言っている。

僕はそれには賛成できないがしかし、援助というのは、すればよいというものでもない。相手に対する充分な配慮が必要だ。実際の話、日本のNGOのプロジェクトにも、首を傾げたくなるものが多い。援助は、難しい。

P2ユースは、こうした議論を繰り返し、意見の交換を重ね、その結果何人かのメンバーが脱退していった。そこにまた次の年のツアー参加者が加わってさらに議論を重ねる、といういわば「産みの苦しみ」が、現在の独自プロジェクトにつながっている。ユースメンバーにとって、そして僕たち「草の根援助運動」側にとっても苦しい時期ではあったが、開発援助についてのお互いの認識を深め、自分たちがやることへの理解の元になったという意味では必要な時期でもあった。開発援助には、する側のそうした苦しさも本来的につきものなのだ。

＊ＯＤＡ

日本の政府開発援助ＯＤＡの問題点を挙げてみよう。

①　円借款が多い。世界最高の援助額を誇る日本のＯＤＡの半分以上が、いずれは利子を付けて返済してもらう貸付金＝借款だ。世界のほとんどの援助国が贈与率九〇％以上であり、一〇〇％というところもたくさんあるのに、日本は四五・六％となっている（『**ＯＤＡ白書　二〇〇〇**』外務省）。相手の自助努力を求めるためだそうだが、それにしてもこれは際だっている。円建てなので、例えば二十年前の借款は、為替レートの変動で自動的に二倍に増えている。返済不能が増えるのも当然だが、外務省は、そんな国にもさらに借款を供与する。将来を考えない責任逃れと言わざるを得ない。

②　ひもつき（タイド）援助が多い。タイドというのは、事業・商品の発注に自国企業を使うという条件をつけることだ。ＯＤＡ初期から批判が絶えず、日本政府も早い時期に改善を図ってきたので、実際にはタイド率は援助国の中でももっとも低い。しかしながらこれは、円借款が多いことと表裏一体の関係にある。円借款をタイドにすると、日本政府が日本企業へ高い工事を発注し、その支払い義務だけを相手国に負わせるというあまりにも乱暴なことになるのでできないだけだ。

ところが、九〇年代後半の「アジア危機」に対する特別ＯＤＡとして急遽導入された「特別円借款」という六千億円規模の借款はタイドだった。緊急増額に理解を得るためのやむを得ない措置と説明されたのだが、三年の特別期間が終わった二〇〇二年にも「本邦技術活用条件」という名に衣替えしてそのまま残ることになった。

これは、日本企業支援を前面に押し出した、理念も何もない最悪のタイド借款だ。

③　原資の半分が実は税金ではない。財政投融資という、郵便貯金や厚生年金の資金が全体の半分近くを占めている。根本的に投資なので、利子を稼ぐ必要があり、これがゆえに借款をやめられない。税金ではないので予算として国会で討論されることもなく、透明性を高められない大きな原因となっている。

④　プロジェクトに無駄なもの不透明なものが多い。一連の鈴木宗男議員に関する騒動でその一端が明らかになったとおり、ＯＤＡは巨大な利権がからんだ「おいしい」予算でもある。その案件は当事者である現地政府から出てくることはまれで、実際には大抵日本のコンサルタント会社が計画をつくり、それから受注が始まる。巨額なＯＤＡの結構な額が、無駄に誰かの懐に入っている。

⑤　プロジェクトがインフラ整備にかたよっている。いくらか改善されてはきたが、依然として、大型インフラ整備が圧倒的に多い。貧しい人々を助けるという当然と思える目的を表に出しているものは意外なほど少ない。田中角栄時代の「日本列島改造」土建工事を世界各国に輸出しているようなものだ。

⑥　環境と現地住民への配慮がなされていない。ＮＧＯの執拗な要請もあって、最近ようやくプロジェクト援助をする際の環境ガイドラインなどが作られてはきたが、内政不干渉をたてにして日本政府はいつも及び腰だ。結果として、日本の援助によって環境が破壊され、現地の人が苦しむ。ＯＤＡさえなければ、という声を聞くことは多い。

⑦　アジアに偏っている。戦後賠償からスタートした日本のＯＤＡは、その当初からアジア援助が圧倒的に多かった。地理的にある程度は仕

方ないことだが、世界最貧国四八ヶ国のうち三三ヶ国はアフリカにある。アフリカ支援にもう少し力を入れる必要はある。

⑧ 担当省庁がばらばらで、縦割りになっている。外務省、財務省、経済産業省あたりはともかくとして、国土庁、警察庁まで一八もの省庁が関わっているのはあまりにも多い。経済協力省（庁）の設立とODA基本法の制定は、これまでNGOから何度も提起されてきた。朝日新聞も、九五年の憲法記念日に、国会の関与、統一省庁の新設、国際協力法の制定を**『憲法と国際協力法』**として提言していたが、いまだに行われる気配はない。

⑨ 担当職員が少ない。日本はドイツのちょうど二倍の額をほぼ半分の担当者で扱っている。効率がよいと自画自賛しているが、一人あたり一〇億円近くの案件を扱うわけで、商社などの手を借りないとなにもできないのも当然だ。

擁護派は当然、それぞれに反駁を加えている。しかしながら、これらの批判とODA擁護派の議論はいつもかみ合わない。それは、なんのために援助をするのか、という根本的な点で意見が食い違っているからで、裏の意図や打算はともかくとして、唯一の問題はここにあると言っても過言ではない。

擁護派は、その国の経済発展のためにODAは必要だとする。批判派は貧しい人々を支援するのが目的だと説く。擁護派は、「援助も広い意味の投資である」「投資である以上、投資効率を考えなくてはならない」（**『ODAの経済学』**小浜裕久、日本評論社）と言い切っている。一方批判派は、貧困を作り出している原因自体が「北」にあるのだから、困っている国に対する援助は当然のことだ、として人道主義的支援を求める（僕は言うまでもなくその立場だ）。

開発と貧困についての考え方が正反対で、目的自体が違うのだから、議論がかみ合うはずもない。

これについてはしかし、世界の公的援助のなかでも両方の流れがある。

アメリカははっきりと「国益のため」と言い切っている。

アメリカの開発援助は一九五〇年代に始められているが、当時のトルーマン大統領の演説は、はっきりと共産主義に対抗して世界をアメリカ化するという目的をうたっている。現在でもそれは受け継がれていて、アメリカの開発援助の理念は、開発援助庁ＵＳＡＩＤのホームページによれば『発展途上国』の市民の生活を改善する一方、民主主義と自由市場の拡大により、アメリカの外交政策的利益を深める」となっている。どちらに重点があるのかは言うまでもない。

一方、例えばデンマークの援助の理念は政府ホームページによればこうだ。

「日々深い貧困の中に暮らしている人々の生活向上のために戦っている国と政府を支援する。」「デンマークの援助は、貧困対策を柱とする経済成長のための、持続可能な開発の促進に向けて使われる。」

日本はといえば、九二年に閣議決定されたＯＤＡ大綱は、人道的配慮、相互依存性の認識、環境の保全、という三つの理念をあげていて、人道主義が最初にきている。ところが外務省の作成するＯＤＡ白書には、最初に「国際社会における存在感と影響力を高め、国益の確保につながる」という言葉が出てくる。また、年四回行われている財務省ＮＧＯ定期協議会で「本邦事業活用条件円借款」とＯＤＡ大綱との関係について質問したところ、担当者は「大綱は網羅的な憲法にはなっていない」「きれいごとではすまない世界もある」と答えた。

日本の援助の理念たるＯＤＡ大綱はあってな

きがごときというのが現状で、なんのために援助をするのかという哲学もないままに援助案件を処理しているだけなのだ。

ちなみに、フランツ・ファノンは**『地に呪われたる者』**（著作集3、みすず書房）でこう書いている。「われわれは、ヨーロッパ某国の国家主席が、その手を心臓におきながら、不幸な後進諸国民を援助せねばならぬと宣言するのを耳にしても、感謝にふるえはしないのだ。まったく逆にわれわれはこう考える、『これはわれわれに与えられる正当な補償だ』と。（鈴木道彦・浦野衣子訳）」。

●〈ODA批判派の文献〉

『ODA援助の現実』（鷲見一夫、岩波新書）、**『ノー・モアODAばらまき援助』**（鷲見一夫、JICC）、**『きらわれる援助』**（鷲見一夫編、築地書館）。いずれも、八〇年代から批判の絶えないインドのナルマダ・ダムの事例を中心に反ODA論を展開している。現在新潟大教授の鷲見一夫は、草の根援助運動主催のODA学習会（二〇〇一年一二月）で、「ODAは百害あって一理なし、ただちにやめるべきだ」と言い切っている。インドネシアのコトパンジャン・ダムに関する裁判の闘争団長になることが予定されており、ODA批判の急先鋒だ。

上智大教授の村井吉敬もODA批判の中心的人物で、**『検証！日本のODA』**（学陽書房／コモンズ）他でODAを批判している。

『これでいいのか、ODA！』（小島延夫・諏訪勝編、三一書房）、**『破壊』**（諏訪勝、青木書店）フィリピン・カラバルゾン計画の主要プロジェクトであるバタンガス港計画他の事例を紹介。僕が本文で紹介したような立ち退きの事例があちこちであったことが分かる。

『日本は世界の敵になる』（浅野健一、三一書房〕。現在は同志社大教授の著者が共同通信記者としてインドネシアに駐在していた八〇年代の、ＯＤＡをめぐる日本の商社と大使館、それに現地政府の癒着ぶりを辛辣に書いている。

『開発援助の実像』〔津田守＋横山正樹編著、亜紀書房〕は、戦後賠償からスタートしたＯＤＡが、いかにゆがめられ、マルコスの懐に入るようになったか、関係者へのインタビューを交えて実証している。**『フィリピン援助と自力更生論』**〔横山正樹、明石書店〕も同じスタンスで、「これまでの『援助』の本質が、国家資本の輸出であった点は明らかである」と反ＯＤＡの態度を明らかにしている。

●〈ＯＤＡ擁護派の文献〉

『ＯＤＡは役に立っているか？』〔荒木光彌監修、国際開発ジャーナル〕題名から予想されるのとは逆のＯＤＡ宣伝本だ。鷲見一夫教授が批判するコトパンジャン・ダム〔コタパンジャンと表記〕を、「人権、環境のモデルとなった」と最大限褒めちぎっている。

前で引用した**『ＯＤＡの経済学』**〔小浜裕久、日本評論社〕は、ＯＤＡ擁護の最右翼。

『ＯＤＡの正しい見方』〔草野厚、ちくま新書〕は、反対派の議論を「画一化された議論」と切り捨て、「日本のＯＤＡはおおむね成功してきており、途上国の経済発展・福祉向上に役に立ってきた」としている。上述のナルマダ・ダム、バタンガス港の件についても当然肯定的に書いている。

渡辺利夫の**『新世紀アジアの構想』**〔筑摩書房〕は、最初から「あまたの批判から日本の援助と理念を擁護」するために書かれた本だ。ついでにいえば、この本は「後発国が、強い外圧とわずかに与えられた時間的余裕のなかで急速な発展をとげようというのであれば、国家主導型の開発戦略の採用は不可避である」と述べて、「上からの権威主義開発体制」を肯定的に描いた本でもある。この現・前慶応大教授の両氏は、**『日本のODAをどうするか』**〔NHKブックス〕でもODA擁護の論陣を張っていた。

『開発援助の経済学（新版）』〔西垣昭・下村恭民、有斐閣〕も、教科書的書き方ではあるが、そこここで批判に対する反駁を加えており、擁護派と考えてよいだろう。

大体において、批判派の本は、現場でどういうことが起きてどんな声が挙がっているかをすくい上げ、擁護派の本は経済学的視点からなぜODAが必要なのかを説く、というスタンスで、ここでも議論は見事にすれ違っている。

ところで、この渡辺利夫を座長とする外務大臣の私的諮問委員会（期間中に外務大臣は四人も替わっているのだが）である「第二次ODA改革懇談会」最終報告が、二〇〇二年三月末に提出された。この種の文書としては非常に読みやすく書かれていて「（1）国民の心、知力と活力を総結集したODA、（2）戦略を持った重点的・効果的なODA、（3）ODA実施体制の抜本的整備」という柱建てとそれに付随する提言も具体的で分かりやすい。しかし内容的には擁護派たる渡辺利夫の主張そのものだ。同報告の「最後に」は、「日本の生存と繁栄の不可欠の条件」である「世界との共生」、「国際社会において信頼を獲得するための重要な条件」としての「グローバルな課題解決への取り組み」、という二つの目的のためにODAが重要であるとしていて、はっきりとアメリカ型ODAへの舵取りを提言している。さらにその具体的な方策の目玉として常設の「国民各層の代表からなる『ODA総合戦略会議』」の設置を提言しているのだが、その議長代理に渡辺利夫の内定が報じられている。改革の先行きが案じられる状況だ。

chap. 5 心は豊か、暮らしは貧しい

再びカプニタン村

僕が何度も泊めてもらっているカプニタン村のグロリア家には、なんと十六人の子どもがいる。長男は三八歳で、結婚して隣に家を建てて住んでいる。同じように、上から十人ほどの子どもたちはみな独立していて、もうこの家には住んではいない。住んでいるのは、下から五人で、一番下が十五歳の男の子、その上は二四歳から十八歳までの女の子四人だ。ただし、住んではいないはずなのに結構上の娘であるはずの人が里帰りしていたり、どういう関係か分からない人が滞在しているということがあったりする。長男のところの子どもも、次男のところの子どもなども、家に出たり入ったりしていて、いつでも子どもが溢れている。それにおばあちゃんがひとり。やはり大家族だ。

カプニタン村。フィリピンは若い国だが、ここは特に子どもが多い。楽しいが、貧しさの象徴でもある。

もともとグロリア家は、バターンの山で、木の切り出しを生業としていたという。しかし、切れる木はどんどんなくなっていき、生活は苦しくなった。そこにＮＧＯが入った。持続可能な林業はあるのか。どうすれば食べていけるのか。山の木を切り尽くしてしまったら、どうやって生活していけばいいのか。考えた末に、お父さん——現在五八歳——は、そこではそれ以上生活はやっていけないと結論し、山を下りてカプニタン村に移り住んだ。三十年ほど前のことだ。

当時はまだマニラ湾は豊かで、前の海で釣りをするだけで、今の十倍の漁獲があったという。それ以来ここに根を下ろし、たくさんの子どもたちを育ててきたというわけだ。

お父さんはしかし、今では漁はやっていない。次男のジョジョや三男のノエルは漁師になっているけれど、お父さんは工事現場で働いている。マ

ジェンマ（中央）が友だちを連れてきた。興味はあるけれど、恥ずかしくてなかなか話ができない。顔を見合わせて、うふふ、うふふと笑っている。

ニラ市内での工事などでは、片道三時間以上かけて通っているから、朝は早く、夜は遅くて大変だ。しかし、もうすぐ六十歳になるというのに、たくましく陽気で、若々しい。肉体労働をしているフィリピン人は――日本人でも同じかもしれないが――ある程度年を取るとすっかりおじいさんになっているのだが、彼は今でもハンサム、グッドルッキングだ。

そのグロリア家の末娘ジェンマは、下に弟がいるが、雰囲気としてはむしろ末っ子だ。明るく、おしゃべりで、そして甘えん坊。初めて会ったときはまだ高校生で、白いブラウス、チェックのスカート、白のソックスという明るい制服姿で、恥ずかしさと、でも好奇心とで真っ赤になりながら日本から行った学生に話しかけていた。

話して弾む話題は、なんといっても、「ボーイフレンドはいる？」「フィリピン人の女の子はどう思う？」といった話だ。彼女はとても楽しそうに日本の男の子たちに話しかけ、彼らもまた、初めて会うフィリピンの女の子との会話を楽しんでいた。ジェンマのお気に入りは、こちらも当時高校生だったナオキ。好きなものを聞いたり、音楽の話をしたり、まだ英語がいささか不自由なナオキに対して懸命に話しかけていた。二年後、大学生になったナオキが再び訪れてガールフレンドがいることが発覚するまでは、白馬の王子さまとして本気で待ちこがれていたようだ。

しかしそのジェンマも、高校を卒業した。フィリピンは小学校六年、その次が四年制の高校（ハイスクール）で、十年で義務教育が終わる。長らくフィリピンを占領し、戦後も大きな支配力を保ってきたアメリカの影響もあって、教育程度はとても高く、識字率は九十％以上に達する。少なくとも統計的には、九五％の子どもたちが小学校に入学している。卒業に関しては統計がないが、七割ぐらいは義務教育を修了しているだろうという。

問題はそのあとだ。仕事がない。フィリピンはカソリックが大きな力を持っているせいもあって、「途上国」の中でも特に子どもが多い。その層の就業率はさらに低い。

高校生だったジェンマに将来の夢を聞いたのは三年前のことになるが、その時彼女は、今まで笑っていた笑顔をちょっとだけ曇らせて、分からない、とつぶやいた。まあ、洗濯人——washing woman——になることが夢だわね、と冗談とも本気ともつかない調子で言い、僕はてっきり冗談だと受け取っていたのだが、現実はさらに厳しかった。彼女は、何の仕事も見つけることができなかった。

グロリア家で。左端がお母さん。その隣が、マリとジェンマ。

一歳上のお姉さん、セリーナも同じように仕事がない。その上のリリアも同じだ。三人は、日本風に言えば「家事手伝い」ということになるのだろうか。朝起きると家の回りを掃き掃除するのはジェンマの役目。その間に食事をつくるのはリリア。セリーナは、井戸で洗濯をする。てきぱきと手際よくて気持ちがいいけれど、仕事がないこと自体はつらいわけで、その話をしようとすると、みな、顔が曇る。

きちんと仕事を持っているのは、家にいる中では一番上の、マリ。彼女は今二四歳だ。みんなでわいわいとおしゃべりをしているときには、歳が離れているせいか、それとも控えめな性格なのか、ほとんどしゃべらずにニコニコとしている。しかし僕は実は彼女と二人だけの合図を持っていて、といっても大したことではないのだけれど、二人だけで目で合図しあう。

数年前、みんなで、ビール瓶を使ってルーレットゲームをやっていたときだった。これはジェンマがいいだしたゲームで、映画のヒーローとヒロインをそのルーレットで決め、あたったらその一場面を演じる、というものだ。ターザンとジェーンになったり、ロミオとジュリエットになったりして遊んでいたのだが、なんと僕は、タイタニックのヒーロー・ジャックになり、マリがローズになってしまった。密かに期待してもいたのだけれど、高校生・大学生と一緒にゲームをやっている僕は土曜日のホームルームの先生と同じで、娘といってもいい彼女とタイタニックをやるのは恥ずかしくもあった。でも意外なことに、彼女がリードしてくれた。

演じるのはもちろん、タイタニックの舳先に立って、手を広げるシーン。前半の、多分映画全体のハイライトシーンだ。

マリは小さな台の上にたち、目をつぶる。僕は、なにしろ狭いので、あぶなっかしくその台に乗って、彼女を支えた。体が密着して、ドキドキしてしまう。マリはそこで目をつぶり、両手を少しだけ後ろに出した。僕は、バランスをとる意味もあって、その彼女の手をとり、そこで広げる。ジェンマやセリーナ、リリア、そして日本人学生たちが冷やかしながらタイタニックのテーマをハミングする中で、彼女はとても堂々とヒロインを演じ、僕もそれに合わせて柄でもないデカプリオになってしまった。

それが終わったとき、ジェンマが言った。「マリ、なんだかうれしそう。そのまま日本に連れてってもらえばいいのに。」そこで、マリが言った。「ペリーが連れて行ってくれるなら。」

いちいち胸をときめかすほどナイーブな年齢でもないけれど、そんなセリフにもいくらかの真実が含まれているのを、金持ち国たる日本からの訪問者は知っている。姉妹の中で唯一仕事を持っている彼女は、バターン半島の先端にあるマリベレス輸出加工区の工場で働いている。どんな仕事なのかは聞いたことがないが、いわゆる単純労働であるのは間違いない。仕事そのものはハードなものではないようだけれど、労働時間は長くて、しかも通勤に片道二時間以上かかる。そして、雇用契約は半年単位。フィリピンの外国企業は一般的に半年を雇用の試用期間としている。その期間は法定最低賃金以下でも構わないという規定になっているそうで、企業側はちょっとでも成績が悪かったりすればすぐにクビにしてしまう。なにしろ買い手市場だから、代替要員はいくらでもいるわけで、働く者にとっては大変だ。何十倍の収入がある日本人のボーイフレンド・ガールフレンドを持つことは、簡単で現実的な解決方法ではあるのだ。

そんなことがあって以来、僕は彼女と、ちょっとうれしい秘密のウィンクをするようになったのだけれど、残念ながら昨年はそれができなかった。彼女は、僕が泊まっていた二晩とも、夜〇時過ぎに帰ってきて、朝五時過ぎに出勤していった。カプニタン村の夜は早く、普通は十時前には寝て、朝は四時頃から起きている。僕もそれに合わせるつもりで寝て、しかし朝はやはりもう少し寝過ごしてしまうので、彼女に会えなかったというわけだ。

そんなマリやジェンマ、セリーナ、そしてリリアにとって、どんな未来が描けるのだろうか。できれば金持ちと出会って生活ができれば、と考えるのはごく自然なことだろう。そして、日本にでも行ってお金が稼げれば、と考えるのも当然だ。

＊輸出加工区

輸出加工区 Export Process Zone というのは九五年までの名称で、法律的には現在は範囲を広げて特別経済区 Special Economic Zone と総称するが、現地の人々は今もカビテ輸出加工区、マリベレス輸出加工区などと呼んでいる。

輸出加工区というのは、入居企業は税制や手続き面で優遇を受けるかわりに製品の大半を輸出するという、特殊な工業団地だ。企業誘致のために労働組合設立を制限したり、賃金を低く抑えたりという条件をつけることも多い。

カラバルゾン計画の中心であるカビテ輸出加工区で操業している企業は一九五社、そのうち日本が七〇社。電子・電機関係がもっとも多い。二七六ヘクタールの敷地に、五万五千人あまりが働いている。同様の輸出加工区はフィリピン全体で国営・民間あわせて二五あり、そのうちの一三がカラバルゾン計画で開発されたカビテ・ラグナ・バタンガスの三州にある〔**『日本人の暮らしのためだったODA』**「輸出加工区と進出企業・フィリピン」長瀬理英、福家洋介・藤林泰編著、コモンズ〕。

この輸出加工区も、現在大きな問題を抱えている。

一つは、雇用創出にはそれなりに貢献しているものの、現地への技術移転が行われないために、いつまでたっても「特別」な地域以上のものにならないということだ。もともと、進出企業は安い労働力を一番の目的として来たために、技術者を養成したり、地元の業界全体のレベルを持ち上げたりということへの意欲が低い。地場産業への注文は限定的だ。

この輸出加工区では労働者の権利が一定制限されているが、いつまでもそのままでは労働者の不満もたまる。二〇〇一年には日本の大手自動車会社工場で二百人以上の大量解雇が発生、それに反対するピケに対して警備員が発砲して負傷者が出るという事件も起きた。さらにはそのピケの最中に組合員から脅迫を受けたとして、二〇〇二年になって二五人の組合員に対する刑事告発がなされるという事態になっている。この件に関しては日本の労組団体も支援を行い、日本にある本社前で抗議デモを行うなどの行動がなされているが、日本国内なら起きないような人権を無視したようなやり方が堂々となされてしまうのは、ODAの住民軽視姿勢がそのまま出たといわざるを得ない。

もう一つは、そうした特別な条件にも関わらず外国企業が撤退する例が増えていることで、それは相対的にフィリピンの労働賃金が高くなってきたのが一番の原因だ。グローバル企業は、世界のどこにでも移れる。労働争議が続いたり、税の優遇措置がなくなったりすると、すぐに撤退してしまう。

輸出加工区というのは、外国企業側にとってより有利なシステムなのだ。

二〇〇〇年に訪問したカビテ輸出加工区のある工場は、従業員一〇二四名、うち日本人は管理部門の四名だけという大きな電機部品関係の工場であったが、中国との競争にかなり苦戦しているようであった。中国は賃金がフィリピンの三分の一である上に、海上輸送にも有利だし、急速に技術力もつけている。それに対抗するために、技術者を養成しつつ発注から納品までのリーディングタイムをかつての八〇日から二〇日にまでスピードアップさせたと言っていた。しかし、企業として考えたとき、フィリピンにとどまる必要がどのくらいあるのか、そのメリットがあと何年持つのかは、かなり難しそうに思えた。

楽しく遊んでいる子どもにとっては、日本人と比べても本当に幸せな、夢のようなコミュニティであるかもしれない。しかし、学校を卒業したとき、結婚を考えたとき、三十歳になったとき、年をとったとき。それでいいじゃないか、幸せじゃないか、とは僕にはやはり言えない。貧しいということは、選択肢が少ないということだ。とても貧しいということは、ほとんど何の選択肢もないということだ。

日本の高校生にだって、実はあまり選択肢がないのかもしれない、とは時々思う。特に勉強があまり得意ではない高校生にとっては、大学や就職の選択肢は少ない。欠席が多く、しかも成績が低いと、就職すらままならないのが昨今の現実ではある。

それでもまだ、ジェンマに比べれば明らかに選択の幅がある。

「私はあなたの夢をつくる。私の夢は、誰がつくってくれるの？」インド・ボンベイの児童労働問題センターのポスター。

選択のさらに少ないP2村

インドでも最も貧しい州のひとつ、オリッサ州の山奥に、現地NG

P2 ビレッジの男たち。手にしているのは儀式用の木製の剣。

Oのニュー・ホープが僕らの「草の根援助運動」(P2)の名をとってP2ビレッジと名付けた十四の村がある。

ニュー・ホープが、P2との共同プロジェクトとして、そこで保健衛生、教育、貯蓄などを含む開発プログラムを展開している。共同プロジェクトであるからには、資金を出すだけでは物足りないので、報告を受け、計画について多少の口を出す。年に一、二回誰かが行って、状況を確かめてくる。とはいっても、現地のことが分かっているのはやはり現地スタッフだから、P2ビレッジという呼び名は、ニュー・ホープが僕たちを身近に感じさせるための方策でもあるのだが、僕らとしてはそれでもやはり、なんだか身近に感じている。

オリッサ州で使われる言葉はオリア語といって、日本で話せる人は十人はいないだろうインドのローカル言語のひとつだ。しかしこの山奥の村

＊インドのNGOとリーダー

ニュー・ホープは、リーダーであるエリアザー・ローズのカリスマ性と明確な意志に支えられた優れた組織だが、欠点もある。それは、ローズにとって変わるようなサブリーダーがいないことだ。プロジェクトの計画を練るのはブレーンであるプロフェッサーと呼ばれる人物で、組織運営には一切タッチしていない。サブリーダー的立場にあるはずのメンバーは、ローズの前では直立不動で、例の首を振りながらイエスと言うのを繰り返すばかりだ（インドではかなりの地域で、顔を左右に揺するのがイエスのサインだ）。ローズの指示は絶対で、すべての活動はトップダウンで成り立っている。「草の根援助運動」側は住民主体／住民参加型のプロジェクトにしようとさまざまなアプローチを繰り返し、ローズもそれに賛成しはするのだが、なかなか変化しない。ローズもまた、住民には何も決められない、と思っているふしがある。

住民参加・ボトムダウンはNGOが本来的に備えているべき機能だと思うのだが、実際にはこういう例も多く、インドのNGOにはその傾向が特に強いようだ。ある開発関係のメーリングリストにオリッサのNGOのよく似た事例が報告されていて、僕はてっきりニュー・ホープのことだと思ったのだが、別の団体だった、という経験がある。カースト制による社会構造の固定の影響だろうと思う。

これはしかし、インドだけの問題でもない。強烈なカリスマ性を持った指導者が立ち上げたNGOはどうしてもトップダウン構造になりやすく、その指導力や手腕がなかなか次に伝わらないという問題がある（「草の根援助運動」にも似た時期があった）。逆に、民主的に運営されるNGOは、NGO本来の持ち味である敏速な対応が下手だ。もっともこれは、NGOというよりは、組織すべてにまつわる問題かもしれない。

P2ビレッジの女性たち。とてもおしゃれで、たくさんの装飾品を身につけている。

の言葉はそれとも違う。クイ語という、山のふもとの村とも違った独自の言葉で、文法的にも似ていないそうだ。インドにはそういったマイナー言語が何千と存在するが、ここもそうした孤立した地域のひとつだ。

歴史的には分からないが、現在は低地に住む人たちとは交流もあまりなくて、人種的にも明らかに違うのが見て取れる。かなり肌の色が黒く、髪の毛もまっ黒で太い。コンド族といって、インドでは、最下層とされる不可触貧民とともに、優遇措置をとるべき民族として指定されている人々だ。

カルカッタから飛行機でアンドラプラデーシュ州の州都、ビシャカパトナムへ。そこでインドの国有鉄道に乗る。

鉄道は、以前よりは改善されたとはいうが、時間通りに走らないのには変わりない。二時発の列車に乗るはずなのに、案内役のニュー・ホープのメンバーは三時になってものんびり食事をしていて、駅へとせかす様子もない。ようやく駅に着いたのは午後四時……それでも列車は、当然のごとく、駅で待っていたりする。

物売りが行ったり来たりしている列車で約五時間。

車内での物売り禁止、という掲示は出ていても、そんなものは誰も気にしてはいない。チャイ（インドのミルクティー）を売る人、豆のカレーを売る人、お菓子を売る人。それぞれが独特の呼び声で車内を行ったり来たりしている。

チャイ売りは、天秤棒の一方にコンロ、一方に材料をさげて乗り込み、連結部に置いておく。コンロはブリキの石油缶を改造したもので、中は木炭。紅茶とミルク、それにコーヒーもいつでも暖まっている。チャイの注文があると、小型のやかんを高く持ち上げ、ミルクと紅茶を勢いよく混ぜ合わせる。いい香りだ。僕はそれを混ぜ合わせるところが見たくて、注文するとわざわざついて行って、作るところを見ている。

通路をはいつくばって掃除している女性がいる。柄のない、アジア各地でときどき見る短いホウキを持って、足元を掃除していく。乗客たちは黙って足を上げたり荷物をどかしたりする。どういう人なのか、分かるのはしばらくしてからだ。一車両の掃除が終わると、彼女は通路を、手を出してコインを受け取りながら客席を歩く。鉄道会社とも関係のない、独立採算の清掃人なのだ。

そんなインド国営鉄道のローカル駅のひとつから、四輪駆動の車で二時間ほど走り、山の中に入り、

*インフォーマル労働

列車内で掃除をしたり、チャイを売ったりする労働はインフォーマル労働と呼ばれ、工場労働などのフォーマル労働とは区別される。主な違いは、経済指標であるＧＮＰやＧＤＰに反映されないことだ。しかし国によっては国内生産の四割を占めているとも言われ、農村から押し出された、教育程度も低く技術もない人々にとっては主要な労働分野でもある。このインフォーマル労働による経済は、アンダーグラウンド経済と呼ばれることもある。〔**『アジアの人々を知る本３　働く人々』**永山利和・加藤益雄編、大月書店〕。

インフォーマル労働には、**『市民・政府・ＮＧＯ』**〔ジョン・フリードマン、新評論〕によれば次のような特徴がある。①主に国内市場に向けられている。②場所、形態、市場関係などどれも多様で、一つにくくれるような単一の労働市場ではない。③通例極小規模で、一人からせいぜい五人ぐらいまで。④女性が多数派。⑤賃金は公式最低賃金以下の場合が多く、特に女性は男性の六〇％かそれ以下。⑥近代的な大規模製造業に直結しているものもある。⑦大部分は微々たる収入を得るために多大な時間を費やす。

インフォーマル労働は、公的な規制を受けたら成り立たないようなものが多いため、対応も難しく、従来の政治の枠組みの中では無視されることが多い。そのため、その人々の権利や利益の保護もまたなされることが少ないが、本来は放っておいてよいような規模ではない。前述のフリードマンは、公共政策において、技術教育や組織化、資金貸付やマーケティングの後押しといった保護・支援を行うこと、そして児童労働や健康に害のある労働慣行は規制すること、などを提唱している。ただ、難しいのは、インフォーマル労働には公的に認めにくい部分が存在することだ。最低賃金以下だからこその雇用というのもあり得るし、長い時間働くからこそ生活が成り立っているという場合もある。かなりの地域において売春も女性の職業の一つであることは事実だが、公的な支援にはジレンマがつきまとう。しっかりした政策のもとに行われるのでないと、インフォーマル性の排除は、そのまま雇用機会の排除になりかねない。そうした場合にはさらにアンダーグラウンドに潜っていくだけだ。本質的に多様性なインフォーマル労働に網をかけるのには、膨大なエネルギーとコストが必要となる。また、たとえコントロールできるようになったとしても、その下をかいくぐったインフォーマルな部分はやはり発生するだろう。

ＮＧＯにとっては、そうした多様な人々を組織化し、孤立した人々の相互の連携を可能にすることが目標になる。労働組合の結成や生協組織の結成、小規模金融システムの設立などはＮＧＯの得意分野だ。そうした活動の中で政策・施策提言を行い、公的支援とつなげていくことが、ＮＧＯのアプローチだ。

なお、日本国内にも巨大なインフォーマル労働セクターは存在する。家事労働がそれだ。世帯というのは新古典派経済学では消費の場としかみなされないが、例えば老人介護を考えるときには家庭内のインフォーマル労働は無視できない巨大な労働力だ。家事労働の問題は女性の自立とフェミニズムという視点から見られることが多いが、経済全体での把握という面からもまた重要だ。

P2 ビレッジ。この鉦が太鼓に合わせて、夜、みんなで踊り明かした。単純そうなのにどうしてもリズムがとれない。僕たちには分からない独自のリズム感があるようだった。

最後は一時間ほど歩くと、P2ビレッジに到着する。

初めて行ったときは予定より六時間ぐらい遅れて夜になったのだが、村人の何人かが、村唯一の電気の明かりであるソーラーパワーの携帯蛍光灯――ニュー・ホープの支給品――と、それに手で持つタイプの太鼓を持って、車がこれ以上走れなくなる地点まで来て待っていてくれた。男も女も、イヤリングやら首輪やら腕輪やら、たくさんの装飾品で身を飾っている。みな裸足だ。背は大きくなく、一枚の白い布をまとったような服が多い。

歩くにつれて、その人たちが次第に増す。僕たちは持参の懐中電灯を出し、それでも穴や植物に足を取られたりしてふらふらしているのだけれど、どこから現れるのか、村人たちは明かりはなくても平気そうだ。

いつの間にか、子どもたちも一緒に歩いている。気がつくと、数人だったはずの迎えは、二十人ぐらいの大集団に増えていた。太鼓の他に鐘も合流して、にぎやかな一隊だ。山の向こうでも、それに呼応して太鼓と叫び声が聞こえてくる。

そうして到着した村は、ほとんど「原始的」と言ってもよさそうな暮らしが今も続いている村だった。住居は壁が土でできていて、土地の葦のような植物で屋根を葺いている。入り口は腰をかがめてはいるほどに低い。中は五十センチほど掘り下げてあって、つまり日本の縄文住居に似たつくりだ。ほとんどの家は間仕切りもなく、奥につくりつけのかまどがあるだけで、家具もない。どこに置いてあるのか、衣類も見あたらないし、布団もない。

布団は使わないのだ、というのは寝るときになって気がついた。僕らは一つの小屋をあてがわれて持参の毛布で寝たのだが、まさか寒いなどとは思っていなかったから、ありったけの衣類を着込むとはいってもたかがしれている。その時の気温は多分摂氏二～三度、しかもすきま風の入る小屋だ。氷点下の山でのキャンプ経験もあるけれど、そうした時はきちんとした装備で行くわけで、本当に凍え死ぬかと思った。あんなに寒い中で寝たのは、あのときだけだ。その後は懲りて、防寒具を準備していくようになったが……。

ところが村人たちは、ほとんど裸に布を一枚まとっただけで寝ているのだ。僕たちから見れば、風邪を引くどころか、眠ったら死んでしまうのではないかと思うほどだ。これについても議論をしたことがあり、彼ら・彼女らは毛布を必要としているか否か、ということなのだけれど、そんなところで

P2ビレッジ。この建物は家ではなく、若衆宿のようなところ。若者は、一定の年齢になるとここで集団生活をし、結婚相手を探す。

も、とりあえずは、たくましく生きているわけだ。

ここで選択の話に戻るのだけれど、ここの人たちにとっては、人生に選択の幅などほとんどない。義務教育も機能していないから読み書きはできず、言葉が違うから村を出ることもほとんど考えられない。こんな集落でもカースト制の影響はあるらしく、職業を変えることもできない。大体、ほとんどの人は季節によって移動しながら狩猟と農耕を組み合わせた生活をしていくわけで、選択の幅どころの話ではない。

この村で、日本から行ったメンバーが意地悪な質問をした。「あなたにとって、夢はなにか」という質問だ。

相手は十歳くらいに見えるけれど本当は十五歳だという、村から一度も出たことがない少女。きれいに着飾って日本からのゲストを待っていたのだが、これが大変なことになってしまった。

＊カースト制

日本で普通カーストと呼ばれるバラモン（司祭）、クシャトリア（王侯・武士）、ヴァイシャ（農業・牧畜・商業などの庶民）、シュードラ（隷属民）という四つの身分は、カースト（職業分類）ではなく、その枠組みのようなものでヴァルナと呼ばれている。ヴァルナとは色を意味するサンスクリット語で、インドに侵入したアーリア人が皮膚の色で自分たちと先住被征服民を区別していたため、この期に身分や階級の意味が加わった。現実のインド社会で機能しているのはジャーティで、これは生まれを同じくするものたちの集団で、十五世紀末にポルトガル人は、これらジャーティ集団をカスタ（ポルトガル語で血統）と呼び、これがカーストになった。インド人がカーストという言葉で指しているのはジャーティ集団で、二千とも三千ともいわれている。〔『インドの大地で』五島昭、中公新書〕

この、実は征服者の被征服民統治の方法だったとするカーストの起源とヒンズー思想、それに朝鮮と日本の差別思想との異同については、誠実な社会派作家である故野間宏と、学者であり行動する探検家でもある沖浦和光が実際に現地を訪問しながら語り合った『アジアの聖と賤』〔野間宏・沖浦和光、人文書院〕に詳しい。沖浦は「征服者が聖なる権威を握って祭政一致の世界を築き上げ、政治的のみならず宗教的にも被征服者を汚れとして排除していく。」「そのような社会構造を再生産するための浄化儀式として、たえず＜浄・穢＞関係を民衆に意識させていく。」と書き、野間はこうした面で日本の部落差別とよく似ているとして、中国の良賤制とともに、このカースト制こそが部落差別の源流であろうと推測している。

こうしたカースト差別、少数民族差別に対する取り組みは、インドでもかなり早い時期から進んできた。カースト制批判の社会改良運動は、十九世紀の中頃にすでに各地で始まっており、以来さまざまな反差別活動が、たくさんの人々の命を犠牲にして展開されてきた。現在は、憲法の中に「国は国民の弱い層、特に指定カーストおよび指定部族の経済上および教育上の利益に特別の注意を払い、社会的不正とあらゆる搾取から保護する義務がある」(第四六条)という規定がある。この憲法の起草者でもあるアンベドカルの流れをくむダリット・パンサーは、現在でも活発な活動を続けている。

一九六六年インディラ・ガンディが首相になってからは、社会的差別構造に関してはかなり改善されたようだ。被差別カースト優遇政策を導入し、指定されたカースト(スケジュール・カースト)および少数民族(スケジュール・トライブ)の者に優先的に経済援助や学校への入学割り当てを行い、公務員や議員ポストを人口比に応じて確保する、といった一連の政策がとられるようになった。いわゆるアファーマティブアクションと呼ばれる被差別者優遇策で、アメリカでもマイノリティに対して似たような政策がとられている。現在では議会や入学定員などで一〇~四〇%の優遇枠が確保されているといい、反対派の巻き返しはあるものの、四半世紀を経て、制度としてはほぼ定着した。〔**『インドの大地で』**五島昭、中公新書〕

しかしながら現実にはまだ厳然と差別は残っており、上位カーストからの下位カーストに対する暴力事件は毎年数千件におよぶという。〔**『インド反カーストの青春』**、渡辺建夫、晶文社〕

まず通訳がこれを訳せない。日本語から英語、英語からオリア語、オリア語からクイ語、という道筋になるのだが、英語からオリア語のところで一度つまずき、さらにオリア語からクイ語のところでも時間がかかった。クイ語を話す現地スタッフは、なんとかして日本からのゲストが満足する答えを引き出そうとして、何度も何度もその少女に問い直す。半分泣きそうになってようやく少女の見つけた答えが、「貯金が増えること」という答えだった。そしてそれ以上の答えは、何度もやりとりをしても出てこなかった。形をなす、言葉で表せるような夢が今までの経験の中にも、自分の生活の中にもないということなのだろう。

スウェーデンのおばあさんが「援助しない」と言ったのは、こうした村のことなのだ。

着飾った少女。初産年齢は非常に低く、十二歳ぐらいのお母さんも珍しくない。当然体には負担が大きいため、NGOはそれを引き上げようと保健衛生教育を行う。

悪しき相対主義

この地域の人々が「先進国」の人々と比べて明らかに「幸せでない」ことの一つに、子どもの死がある。

生まれた子どもの千人のうち、一五〇人が一歳になるまでに死んでしまう。それも、ほとんどは生まれて数日中のことだ。だからこのあたりでは、ある程度大きくなるまで子どもに名前を付けないという習慣なのだそうで、子どもは「七歳までは神のうち」と名付けなかったという、柳田国男の書き残した遠野村と同じだ。

インドネシア。お母さんと一緒に、農作業に出かける。

遠野の死亡率は分からないが、現在の日本では、この死亡率は千人中三人ほど。ヒトケタどころではない、フタケタといってもいい違いがある。

これについては、改善するべきだということに異論はないだろう。子どもは死なない方がよいのだから……と僕は思うのだけれど大間違いで、結構な割合で異論が存在する。

たとえばある高校生はこう書いた。「その子が死ぬのが自然なら、自然にまかせればいい。」また、ある高校生は、「そういうことは自分たちの問題なのだから、よそから口を出すべきではない」。

こういう意見は、高校生や大学生など特に若い人に多い。

ある時期僕は、学生のこの態度をむしろ好ましいものと感じていた。自分と違うものを排除しようとする尊大な態度の反対にあるものとして、この相対主義を受け取った。子どもの死についてはともかく、相手の文化を受け入れようとする態度はいいことだ。

高校のホームルームでも、同じような状況が見られるようになっていた。かつて、勉強する生徒をガリ勉と呼んで足を引っ張り、運動ができない生徒をバカにし、変わったカッコをしている生徒を排除する、そんな集団主義が支配的だったことがある。それに対して、あの子は、大学を目指して勉強している。それはそれでいい。こいつはアニメが大好きで、アニメおたくだ。それはそれで、こいつの特徴だ。そういう個々の価値を受け入れる態度が生まれてきた。これは、集団主義から個人主義への成長だ。僕はそう思っていた。

でも、段々とそうではないらしいことが分かってきた。個人主義は、相手の主義に対する尊敬を含んでいる。しかしここにあるのは、想像力の欠如なのだ。自分とその回りのもの以外には、何の興味もない。どこで誰が何をしようとも、自分には関係がない。

今は、これを悪しき相対主義と僕は呼んでいる。自分のことは自分のこと、人のことは人のこと。一見他の人の権利を尊重しているようにも見えるが、その実態は無関心だ。こんな相対主義を押し進めていくと、人間の社会は、どんどんバラバラになっていくだろう。みんな同じであるべし、日本人は単一民族だ、などという同一化主義は怖ろしいけれど、どこにもつながりのない個人の集団としての社会も、負けず劣らずこわい社会だ。

愛の反対は憎しみではない。愛の反対は、無関心だ。日本でただ一人のカソリック枢機卿である白柳誠一氏は、マザーテレサの言葉としてたびたびこの言葉を紹介されている。ジュビリージャパンの共同代表でもある白柳氏は、この言葉によって、自分の周りだけでなく世界の人たちの幸せを考えることの必要を説いておられた。もとはフランスの哲学者が言ったもののようだが、この言葉が日本人に突きつけるものは大きい。

「世界の人がみな幸せにならないうちは、自分も幸せにはなれない。」宮沢賢治がその手帳に書き付けた有名な言葉だが、この言葉こそ実は、利己主義としての博愛を説いている。

博愛というのは、自己犠牲ではない。自分が幸せになるための方法なのだ。

chap. 6　貧困をなくす

貧困とはなにか

一番単純な貧困の定義は、お金を一日一ドル稼げない、というものだ。なぜ一ドルかというと、そのあたりがちょうど、衣食が足りるか足りないかのラインだからなのだそうで、世界銀行が使っている定義だが、これでいくと、今の地球上では人口のほぼ六人に一人が貧困ライン以下ということになる。銀行に行かないと分からない数字でラインをひくのはあまりにも乱暴だ、というのならば、収入に対する食費の割合というのもある。七十%を超えるともう、必要なものが買えない状態になるのだそうで、これでもやはり、地球上で十億人以上の人が貧困ということになる。

栄養摂取量で考えるものもある。七〇年代から世界保健機構ＷＨＯなどが使い出したものだ。一日

インド・グジャラート。みんな並んで給食を食べる。子どもたちを学校に来させるための、大事な事業のひとつだ。

あたりのカロリーや蛋白質の摂取量に、幼児死亡率や平均寿命を加えて、絶対的貧困の線を引く、というのだが、ただ人間は一日あたり何カロリー必要としているのかについては定説がどんどん変わっていて、未だに定まっていないらしい。僕が高校で教わったときには確か、二五〇〇カロリーを下回ると暴動が起きる、二〇〇〇カロリーを下回ると暴動が収まる——人々が動けなくなる——と教えられたように思うのだが、今では一五〇〇カロリーでも大丈夫、という意見もあるそうだ。

身長二メートルの人と一・四メートルの人の必要エネルギーを一緒くたに考える方に無理があるわけで、これも目安にはなっても基準とするのは難しい。

一九九〇年代になって提唱され、それなりに多くの場所で納得されているのが、国連開

＊貧困削減

意外にも、貧困の削減は、公的開発援助では必ずしも主要な目的とはされてこなかった。国際社会では武力紛争や金融危機などの緊急事態の方が優先されることが多かったからだ。開発の根本的な問題として貧困が注目されるようになったのは、この十年ほどのことである。先駆的な動きをしたのが国連開発計画ＵＮＤＰで、世界銀行やアジア開発銀行、ＯＥＣＤの三大委員会のひとつである開発援助委員会ＤＡＣ、国際農業開発基金ＩＦＡＤ、ユニセフ、国連難民高等弁務官事務所ＵＮＨＣＲ、世界食糧計画ＷＦＰなどが続いている。

一九九六年には、ＯＥＣＤの主導によって二〇一五年までに所得貧困の中で生活する人の割合を半減させる、という国連決議がなされ、ようやく国際的な貧困削減への機運が高まってきた。ただし、この決議には「あくまでも国家プログラムを支援するものであって、それに取って代わるものではない」という但し書きがわざわざつけられている通り、強制力はなく、各国がそれに向けて本腰を入れるという状況にはほど遠い。〔**『人間開発報告書一九九七　貧困と人間開発』**国際協力出版会〕

援助国の中ではスウェーデンが一九五二年から貧しい人々の生活向上を最重点目標としてきた。他には労働党政権になってからのイギリスがある。世界最大の援助国である日本は遅れており、ようやく二〇〇〇年から国別援助計画の中に貧困削減アプローチを取り入れるようになったに過ぎない。〔**『貧困削減に関する基礎研究』**、国際協力事業団・国際協力総合研修所〕

フィリピンの子ども。年上の子は、当然のように小さい子の面倒を見る。

発計画UNDPが毎年出している人間開発報告書で使われる「人間開発指数」というものだ。

これは、国別に、寿命、識字率、就学率、一人あたりのGDPで算出する。指数が高ければ高いほど、人間開発が進んでいる、と考えられる。二〇〇一年版で、寿命（平均余命）が世界最高、GDPもほぼトップの日本が世界九位になっているが、総人口に対する高校までの就学率が低いのが原因で、これは日本が「新興先進国」であることを示しているのだろう。

同じ開発報告書は、九七年から、もっと端的に人間貧困指数というのも算出している。これは「人間の生活の基本的側面における剥奪状況（長命、知識、人間としてのまずまずの生活）に注目」（九八年版）したものだそうだが、考え方としては開発指数を補完するもののようだ。

しかし、そうやって人間の集団を指標で区分けしていくことが、本来貧困のとらえ方なのだろうか、という疑問は残る。開発指数でみると例えばニュージーランドは世界十九位になるのだけれど、ニュージーランドに行ったことのある人の実感とはかなり違うような気がする。貧困ライン以下の人々はみな救済されるべきなのか。またまた、学生たちの疑問に立ち戻ってしまう。

結局のところ、貧困は指数で量るのは難しい。となると、たとえば貧困は次のようになる。

「貧困とは、衣食住の充足度、あるいはカネやモノの有無によって決まるのではなく、人間と人間の社会的な関係のありかたによって決まる」（中村尚司『豊かなアジア　貧しい日本』）。

「貧困は、それが人々から自己のさまざまな能力を発揮する機会と自由を奪うところに問題がある」アマルティア・セン。まさに、選択の幅がせまい、ということだ。

貧困の定義は難しい。どこで線を引くかは、経済学、社会学、哲学、政治もからんで、なかなか決めにくい。しかしながら、何らかの形で改善を必要としている状態というのはある。それを目の当りにして、ＮＧＯも政府も、なんとかしようと走り出す。

経済発展を目指しながらパイを広げる

そこでそのなんとかの仕方だけれど、僕は図のようなことを考えてみた。上下が経済開発に対する態度、左右がその分配に対する態度だ。ふつうに考えればパイを広げるということと開発をするとい

貧困をなくす

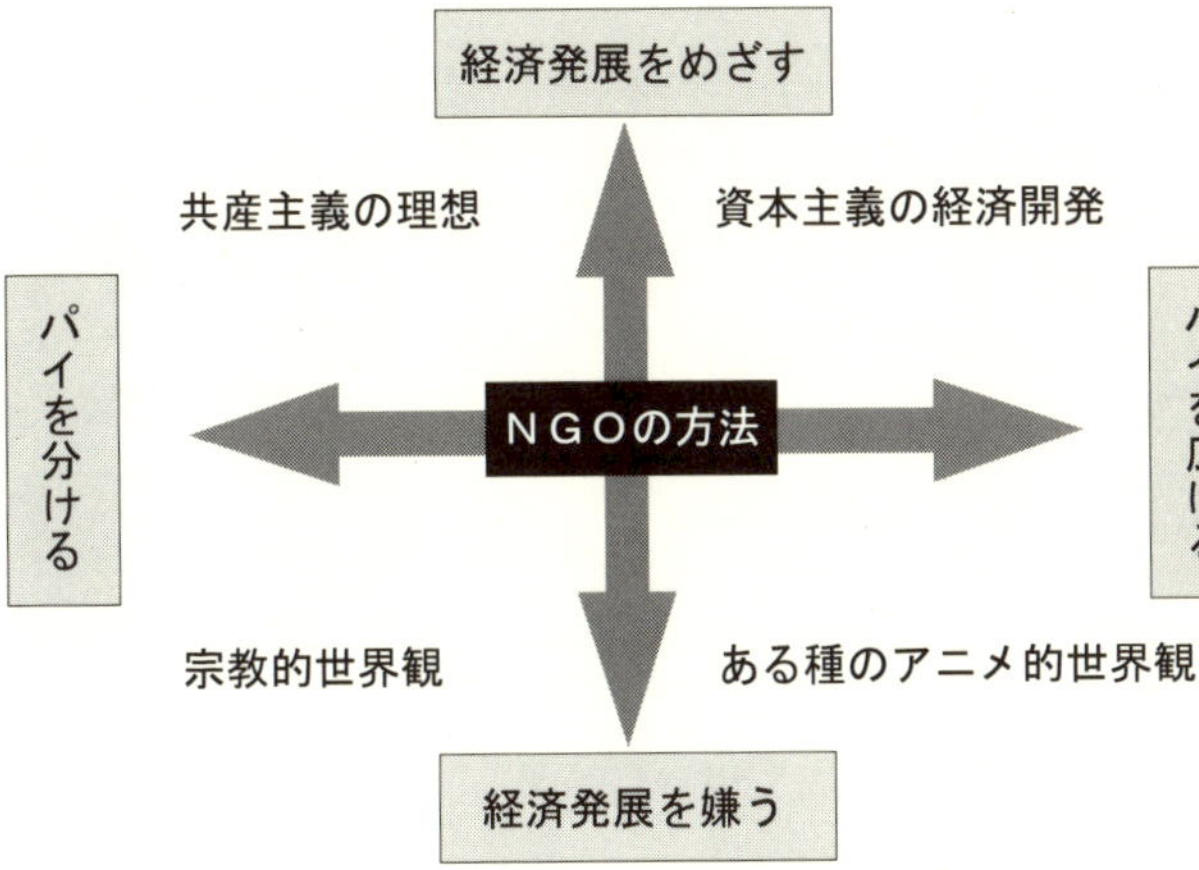

うことはほとんど同義になるのでこんな十字のマトリックスにしてしまうのは無理があるかもしれないが、それなりの説明にはなっていると思う。

右上の部分の考え方では、とにかく経済発展を目指す。経済が発展しさえすれば貧困の問題は解決していく、という考え方だ。

戦後の日本はこれでやってきた。六〇年代の高度成長期に一人あたりの所得は倍増し、国は豊かになり、一億総中流――実態はともかくとして――になった。韓国もその後を追っている。日本のＯＤＡもこれを踏襲していて、相手国の経済発展を第一の目的に、産業インフラ整備や資本充実を図る。

経済が発展すれば、貧しい層も豊かになる。これはトリクルダウン仮説という。トリクルダウンというのは、上から水が下にしたたっていくということで、お金が金持ち層から貧しい層にしたたり落ちていくということを表している。みんなが豊かになれば、貧しい層だって相対的に豊かになっていく。

しかしながら、世界的にみるとどうもそうならない場合がある、ということが言われるようになってきた。国の経済は発展しているのに、貧しい層には行き着かない場合がある、というわけだ。たとえばブラジルでは、一九七〇年から二十年間の間に一人あたりGNPが年平均で三%ほど伸びているのだが、一番貧しい人々に限って言えば、一%も伸びていない。一日一ドルの例のラインで考えても、その十年間で人口の約五十%だったのが四三%ぐらいに下がっただけだ。相対的には金持ち層と貧困層の格差はますます開いている。

さらに言えば、「途上国」とは様々な面で条件が違うにしても、日本国内でも同じような例が挙げられる。日本の経済は低率ではあってもずっと成長している。それなのに八〇年代にはほとんど問題にならなかったホームレスが今では東京近辺で五千人以上いる、というのは、トリクルダウン仮説が効いていないということではないか。

いや、大丈夫だ、一時的にはそういうこともあろうが、いずれは豊かになっていくのだから、と首をかしげる人々を落ち着かせてくれた理論は、「クズネッツの逆U字理論」。これによれば、貧しい層と金持ち層との差は一度大きくなる（逆Uの頂点）が、やがてまた小さくなっていくのだという。これはトリクルダウン仮説を延命させる効果を果たしている。

結局のところ、トリクルダウンがうまくいくためにはさまざまな要因が必要となる、ということのようだ。よい政治、多くの人に開かれた資源、債務など外国との関わり、軍備などなど、クリアする

フィリピン。スタディツアーで参加者が撮影したもの。ツアー参加者は一様に子どもたちの明るさに驚く。

べき条件はたくさんある。

このトリクルダウンの考え方は、今も多くの人に支持されている。たとえ今貧困層が多くても、まだ逆Uの頂点にいるだけで、いずれは変わっていくのだ。国の経済さえ発展すれば、とは多くの人が思っている。

経済発展を目指しながらパイを平等に分ける

それに対して、マトリックスの左上は、経済発展は目指すものの、パイを強制的に平等に分ける、という考え方だ。国全体、あるいは世界全体の経済を発展させながら、一方でそのあがりをみなで平等に分けていけば、貧困はなくなっていく。政治的な所得分配を重視している、と言ってもいいかもしれない。

考え方としては正しいように見える。問題は、これが理想的なシステムと考えられていた頃、平等に分けられると知っているパイを大きくするために働く人はあまりいない、という人間の気持ちに関わる部分に考えが至らなかったことだ。人間はみんな働き者なのだ、という性善説に基づいていたが、必ずしもそうではなかった、ということかもしれない。

分配を決定する権限についても、二十世紀の人々はさまざまな困難を経験してきた。誰かにその権限を認めると、その誰かが実にしばしば、暴走を始める。そうした事例は数多く、しかも失敗例として無視するには、あまりにも大きな影響を及ぼしてきた。

きちんとした指導者層がきちんとしたシステムをつくり、きちんとした国民がきちんと働けばうまくいくのだ、と主張している人たちは今でもいて、理想主義的な社会や国家をめざしている。うまくいったら素晴らしいのだが、果たして可能なのだろうか？

経済発展は嫌いながらパイを平等に分ける

マトリックスの左下の部分。いま手元にあるパイを平等に分ければいいことだ。それに満足して生きていけばよいのだ、という考え方だ。

この考え方は多くの宗教が採用している。貧困の救済を上に置くか、心の平安を上に置くかは違ってくるが、理念としてはかなり普遍的だ。

十一世紀、イタリア中部のアッシジに生まれた青年フランチェスコは、すべてのものを僧院に寄付した上で最低限のもので暮らすことを提唱した。これは現在まで、フランチェスコ修道会の考え方としてうけつがれている。太陽、光、鳥、そういったものの与えてくれる幸せを、経済活動よりはるかに——ずーっとはるかだ——上に置いたわけだ。

宗教とはちょっと違うところにも、同じような考え方はある。しばらく前に話題に上がっていたヤマギシズム（幸福会ヤマギシ会）は、実顕地と呼ばれる共同生活所に入るときにすべてを寄付し、分配されたもので生活していく。今は行われていないようだけれど、年に一回行われる祭りでは、自分の財産を文字通りばらまいてしまうというパフォーマンスも実施していた。ばらまけばばらまくほど幸せになるという考え方で、みかんやらなにやらをトラックからまいている写真を見た覚えがある。少し前にもっともっと大きな話題だったオウム真理教も、実際にどうだったかはともかくとして、考え方としてはこの路線だろう。中野孝次氏のベストセラー『清貧の思想』もそうだった。貧しさが、経済指標ではなく、中村尚司氏の言うような社会や人との関係で決まると考えれば、これがうまくいけば実質的な貧しさについては解決する。

ただこれは、まさにその、豊かさ貧しさというのは経済指標ではない、ということを受け入れないと難しい。それも、一部の人だけが受け入れても、外部が経済開発をしている限り、そことの摩擦が大きな問題になる。ヤマギシズムが今つきあたっているのはこの問題だ。理想的だとは思っても、すべての人が賛成してくれないと、僕を含めたふつうの人間にはなかなか難しい。そうした意味では、国として神の国になってしまうという解決方法もある。宗教を原則的に守らせようとしているいくつかの「原理主義」国家では、こういうことを考えているのかもしれない。

経済発展は嫌いながらパイを広げる

経済が発展しないのに、パイを広げることは可能だろうか？文字通りにとれば不可能だ。しかしながら、ちょっとしたトリックで、同じ効果を生むことはできる。パイの受取人数を減らしてしまえばよいのだ。

経済の成長には限界がある、だから人口をコントロールしないと大変なことになる、というマルサスの人口論がこのルーツになる。環境と人口問題を論じたローマクラブの「成長の限界」レポートも、基本的には同じだ。それは耳を傾ける価値はある。特に、経済発展の環境に与える負荷を考えると、真剣に考えるべき考え方ではある。

フィリピンの小型バイクタクシー「トライシクル」に乗る。気軽な庶民の足だ。

ただ、この考え方には、別系統の、ちょっと意外な信奉者たちがいる。彼ら／彼女らはたとえば、こんなセリフを口にする。

＊人口

人口という言葉が今のような使い方をされるようになったのは十九世紀からだという。本来は数理統計学上の擬似的な概念にすぎなかった人口という言葉によって、人間の行動は確率的にとらえられ、数値的に管理できるという考え方が生まれたことになる。一九六〇年代に入り、こうして人口をコントロールする「家族計画」が国連の場で議論されるようになり、六九年国連人口活動基金UNFPAが設立される。そして産児制限が国家政策として行われるようになった。〔**『脱「開発」の時代』**「人口」バーバラ・ドゥーデン、ヴォルフガング・ザックス編、晶文社〕

九三年インドネシアの女性の権利問題に関わるNGOカリアナ・ミトラで聞いたところでは、その産児制限は村レベルではかなり強制的に行われているとのことだった。その年産んでよい子どもの数は行政によって村単位で決定され、村では個人単位で指定する。当時まだアメリカなどでも許可されていなかった、インプラントと呼ばれる皮下埋め込み型のホルモン剤が本人への説明も同意もなしに強制的に埋め込まれたという。人口抑制という数値概念は、実際にはこうした個人の産む権利の侵害という形であらわれるわけだ。このインプラント埋め込みは、提供するアメリカの製薬会社にとっては、商機であり、無料の人体実験でもあるという二重のメリットもあったことだろう。

この人口抑制について、アジア初のノーベル経済学賞受賞者であるアマルティア・センは、インドのケララ州の例をひいて、女子教育の普及が出生率の低下をもたらす、という報告をしている。一人っ子政策その他の強制手段によって七九年から九一年までの間に中国では出生率が二・八から二・一に低下したが、同じ時期に女子教育の普及しているケララ州では三・〇から一・八に減ったという〔**『貧困の克服』**アマルティア・セン、集英社新書〕。強制的産児制限よりも教育の方が有効だ、ということだ。

センはさらに、人口抑制には、中国などで行ったような強制よりもむしろ、女性への力の付与（教育、雇用機会、財産所有権など）の方が出生率の低下には有効である、ともしている。その例としてバングラデシュを挙げているが、それによれば同国での近年の急速な出生率の低下は、家族計画施設の充実とともに、女性の社会的経済的問題への関与の増大が原因だそうである。ただし、ここから先は半分冗談だが、女性の教育水準が高くなることと労働力参加が、五歳以下の死亡率を減少させる、とも書いている。センの紹介するある統計分析によれば、女性の識字率が二二％（八一年のインドの数字）が七五％に上昇したら、予想幼児死亡率は千人あたり一五六人から一一〇人に低下するだろうという。ということは、教育によって人口が減るか増えるかは、微妙なところもあるということだ〔**『自由と経済開発』**アマルティア・セン、日本経済新聞社〕。

「この、緑多い地球をこんなにまで破壊したのは誰なんだ！　人間は、人間は文明の名の下に、何をやってきたというのだ！　汚れきった人間どもよ、消えてなくなれ！　選ばれた者だけのユートピアを、再び地上につくるのだ！」

アニメの敵役が冷酷な口調でこう宣言したりすると、オトナならば笑ってみていられるのだけれど、これに納得してしまう若者が実は少なくない。人口が半分になれば、とりあえず一人あたりの取り分は二倍に増える。まさに漫画的な乱暴な考え方だけれど、算数としては正しい。

「エイズで人が死ぬのはかわいそうだけれど、今の地球では人口爆発が問題になっているので、その意味ではいいと思います。」

実際に僕のクラスの生徒が書いた文章で、しかも賛同者が何人もいた。子どもの死亡率を減らす、という話をしていたときにも、それで人口増が抑えられるならいいではないか、という生徒もいた。生きている人間に対する想像力が働かないと、悪しき相対主義よりもさらに悪い、こんな自己中心主義が生まれ出ることもある。

NGOは真ん中あたり

さて、上記の四分類のうち、ＮＧＯはどこを目指しているのか。

ＮＧＯというのは当然ながら総称だから、どこでもあり得る。宗教的なものもあるし、バリバリ左

アジア各地のＮＧＯスタッフと話す。1998年横浜で行われた都市とＮＧＯのネットワーク CITYNET 総会で。

翼もある。しかし、それをまとめて、ＮＧＯ主義、とでも言えるような位置はあるように思う。

それは、このマトリックスの中心付近だ。とてもバランスがよい位置とも言えるが、むしろ穏健な改良主義、妥協的な修正主義、あるいはどことも決められない折衷主義といった方が近い。経済開発をストレートに肯定はしないが、開発はすべてだめとまでは言わない。パイを平等に分配したいとは思っているが、パイそのものの拡大もそれなりには必要だと思う。

ＮＧＯはセーフティネットか、という議論がある。現在の経済構造を認めた上で、落ちてくる者を受け止めるのがセーフティネットだ。政府はしばしば、ＮＧＯにその役割を果たさせようとする。露骨にそういう言い方をした答申もある。そして実際、そうなる場合が多い。しかしそれではいけないという意識も、ＮＧＯ全般に強い。革命を起こすつもりはないけれども、今の社会の構造は変えたいと思っていたりする。

ジュビリーパレード。2000 年初夏、渋谷周辺を歩く。新聞にも大きく取り上げられた。

ただ、その呼び方から言っても、NGOというのは単に「政府系ではない」というだけのことだから、様々な立場があるのは当然で、マトリックスのどこに位置するものがあってもおかしくはない。

ところが、世間ではしばしば、NGOというのは一種の固有名詞だと思われているらしい。それは債務帳消しキャンペーン「ジュビリー二〇〇〇」に関わっているときに感じたことだ。

ジュビリー二〇〇〇というのは、西暦二〇〇〇年までに貧しい途上国の債務を帳消しに、という主張を持った期限限定キャンペーンの名前だ。世界五十ヶ国以上で、それを担うための組織やNGOがつくられた。最初に呼びかけたのが誰なのかは諸説あるが、九四年にローマ法王がとりあげたのがきっかけで注目を集め、九六年にはその中心的な役割を担うようになった英国ジュビリーが結成された。

日本では九八年十月とかなり遅かったが、遅かった割には、五十万の署名を集めたり、外務大臣や大蔵大臣、首相

＊債務問題

たとえばアフリカ南部の国、ザンビアでは、八四年当時平均的農民の食費を除いた年収は日本円にして三万円あったのだが、現在はその十分の一近い三五〇〇円に下がってしまっている。年間一五〇〇円かかる学校に行ける子どもは当然減っており、保健衛生も最悪で平均余命は四五歳と計算されている。九四〇万人いる国民の五五％が満足な食事もできない絶対的貧困とされ、日収一ドルで線を引くと、八六％が貧困層になってしまう〔『The Debt Cutter's Handbook』Jubilee2000〕。

そんな貧困の原因のひとつが、「対外債務」だ。本来援助であったはずの国の借金（債務）の支払いが、高金利や為替レートの変動によって膨らんでいく。返すために民政予算を削り、公務員を解雇し、森林を伐採し、自家消費作物をやめて換金作物をつくり、輸出促進のために高金利・レート切り下げ策をとり、それによって国内の人々の暮らしは日々苦しくなっていく。

そうした「重債務低所得諸国」約四〇ヶ国の多くはアフリカにあるが、それには歴史的な理由がある。東西冷戦時代に、覇権を争ったアメリカ・ヨーロッパ諸国とソ連は、先を争ってアフリカ諸国に援助金をそそぎ込んだ。そしてまた、七〇年代前半溢れかえったオイルダラーはヨーロッパの銀行に流れ、その資金の投資先にもなった。独裁政権のふところに入ることも構わず貸しまくったという状況もあったようだ。ところが八〇年代になって浮上したアメリカの財政赤字・高金利、そして為替レートの大幅変動。民間資金は引き上げられ、肩代わりした公的資金の返済も膨れ上がって身動きできなくなった、というのが現在の状況に結びついている。

上述のザンビアの対外債務はＧＮＰの二倍を越えており、教育・保健衛生予算の総計よりも債務返済予算の方が多い。それでも債務は増えている。いわゆる「借金地獄」状態で、企業や個人ならとっくに破産だが、国に破産はなく、仕方なく債務繰り延べなどの対症療法でしのいでいるにすぎない。二〇〇二年春アルゼンチンのデフォルト（債務返済凍結）が報道されたが、これはその債務返済ができなくなり、事実上の破産に陥っていることを示している。

しかし、事実上の破産国は、実は八〇年代のメキシコに始まって数十ヶ国もある。そうした場合に行われるのが、ＩＭＦ（国際通貨基金）の緊急融資と、それとセットになった構造調整プログラムと呼ばれる返済計画プログラムだ。この構造調整プログラムには、農業の換金作物への転換、公務員の削減、医療・教育・福祉の切り捨てなどが含まれており、タンザニアでは先生一人に生徒が三〇〇人などという状況も生まれている。こうした構造改革プログラムには批判が集中し、二〇〇〇年には世界銀行も批判する事態となった。ＩＭＦもその問題点は認識しており、最近ではいくつか改善策を打ち出してはいる。しかし、緊急融資を行うことだけが本来業務であるはずのＩＭＦが、各国の貧困削減や構造改革政策の根幹を握るという構造は変わっておらず、各地のＮＧＯはますます批判を強めている。

『債務危機の真実』〔スーザン・ジョージ、朝日新書〕は、この分野のすでに古典といってよい基本文献。その債務問題は片づけないとやがて世界の不安定要因になる、と指摘したのがもう一冊の基本文献である**『債務ブーメラン』**〔スーザン・ジョージ、朝日新書〕。**『アフリカの選択』**〔マイケル・Ｂ・ブラウン、つげ書房新社〕は、四八〇〇円と高いが、事例も豊富で分かりやすい。

次項のジュビリー二〇〇〇日本委員会の中心組織として活動したアジア太平洋資料センター（ＰＡＲＣ）発行のブックレット**『ＩＭＦがやってきた』**〔北沢洋子・村井吉敬他〕は、アジア金融危機直後に書かれたもので、ＩＭＦの影響の与え方がよく分かる。ビデオ**『債務のくさりを断ち切るために』**（ＰＡＲＣ）は、ジュビリーイギリス作成のビデオを翻訳したものだが、分かりやすい。同じＰＡＲＣは、**『死を招く債務　ＩＭＦ・世界銀行とニカラグア』『財布に鎖をつけられて　債務危機のカリブ』『だれが世界を動かすの？ＩＭＦ／世界銀行と南のくに』**といった一連のビデオを出している。

＊ジュビリー二〇〇〇

前記の債務問題を解決するには、その債務を帳消しにするしかない。そう訴えたのがＮＧＯによる国際的なキャンペーン・ジュビリー二〇〇〇だった。

八〇年代後半から九〇年代前半にかけて、主にキリスト教関係者が始めた債務帳消しの訴えが、ローマ法王の教書にも取り上げられ、九六年イギリスで宗教団体とＮＧＯとが組んで委員会を立ち上げ、キャンペーンを開始した。その呼びかけにより世界四十ケ国以上にキャンペーン実行委員会がおかれ、日本でも九八年に日本労働組合総連合会長、カソリック枢機卿、それにＮＧＯ界から北沢洋子（「草の根援助運動」元代表）を共同代表として実行委員会が発足した。

ジュビリー二〇〇〇は、すべての債務を帳消しに、と主張したわけではない。借金は、借り手に本来的な返済義務がある。しかし、国の借金の場合、その受益者が独裁者だったり大規模工事を受注した北側関係者だったりするわけで、それを保健衛生や教育にかける資金を削り、人々の命を犠牲にしてまで返済する義務は、一般の人々にはない、という主張をしたのだ。

二〇〇〇年までに債務帳消しを、というその訴えは、分かりやすかったこともあって、九九年のケルンサミット、二〇〇〇年の沖縄サミットの時期には多くの人たちに支持された。街頭パフォーマンスが世界中で行われ、イギリスなどでは五万人規模の集会も行われた。日本でも、規模は小さかったが頻繁に行われた。ジュビリーの期限であった二〇〇〇年春には、毎週大蔵省（当時）と外務省の前でパフォーマンスを行い、担当者と会談を行った。国会議員連盟が組織されたこともあって、外務大臣との直接会談や、亡くなる直前の小渕総理大臣への申し入れにも成功した。債務によって一分間に十三人の子どもが殺されている（『人間開発報告書一九九七』国際協力出版会）という事実にちなみ、沖縄サミットを前にした外務省前での街頭パフォーマンスでは発泡スチロールの巨大な￥マークを十三人の子どもたちに背負わせて歩き、新聞雑誌で取り上げられたりもした（僕の娘も参加し、自分が写った新聞を学校に持っていって見せていた）。

このキャンペーンの成果で、世界各国で債務の帳消し等が行われた。一番動きが鈍かったのは日本で、最大限債務の繰り延べまでしか認めなかった。こうして一定の成果はあげたものの、目標の完全達成はできないままに、翌二〇〇一年にはキャンペーンは分裂状態になった。組織内部の問題から中心的な存在だったイギリスジュビリーが分裂し、債務国側のジュビリーサウスともまた、同一歩調がとれなくなった。ジュビリーは二〇〇〇年を目標とした債務帳消し運動というキャンペーンに特化していたのに対し、開発問題全般を扱うべきだという主張は当然あり、運動論的に継続できなくなったということだ。

現在、日本のジュビリー委員会は「債務と貧困ネット」と名を変えて活動を継続しており、「ジュビリー関西」、「ジュビリー九州」といったグループがゆるやかな連携のもとに独自に活動を行っているが、かつてのような広範な運動は組織出来ていない。

ジュビリー日本委員会作成のパンフレット**『債務の鎖をたちきるために』『債務の鎖をたちきるために2』**がいずれもアジア太平洋資料センターから出ている。

大蔵省（当時）前を、子どもたちが債務の重荷（＝円マーク）をしょって歩く。2000年7月のパフォーマンス。

2000年沖縄サミットで、嘉手納基地を囲む『人間の輪』にジュビリー会議参加者が合流。反戦、環境などそれぞれの立場の人たちが、見事に輪を完成した。

にまで会って話をしたりとアクティブに動いた方だと思う。

僕は当初からその実行委員会に入り、ニュースレターを作ったり、宣伝マンとして各地で話させてもらったり、とにかく楽しい経験だった。大きくて重要な問題で、タイムリーで、しかも世界的。日本の呼びかけに答えて世界からハガキが届く。大蔵省（当時）・外務省の前でアピールした時には、フランスやイギリスの報道機関を含めて百人近いメディア記者が取材にやってきて、新聞にもかなり大きく取り上げられた。今やっていることが世界の動きに関わっている、という実感がとてもあった。

その最後の山場として、二〇〇〇年夏には、沖縄サミットに合わせて世界のジュビリー関係のＮＧＯから五十人ほどのゲストを呼んで国際会議を開いた。前年のシアトルでの騒ぎを気にしていた警察は、僕たちが沖縄で騒ぎを起こそうとしていると思ったのか、あるいは単に警備費がたくさんあったからなのか、やたらとぴりぴりしていた。ジュビリー二〇〇〇は、事務局はあったものの単一のNGOというよりはいくつもの団体が共同で動く形をとっていたのだが、その関わっているNGOのところに定期的に刑事を派遣し、外でのキャンペーンにはたくさんの公安刑事をはりつけた。「草の根援助運動」も地元の署から何度も来訪を受けたし、外務省前のキャンペーンでは僕の子どもたちまで公安警察のカメラを向けられていて、喜んだ子どもたちは何度もピースサインを出していた。

そして、過剰警備に抗議に行った共同代表の北沢洋子氏に、こう言ったという。「沖縄では、ぜひ、騒ぎが起こらないようにお願いしたい。」

やくざの大親分じゃないのだから——やくざの世界だってしばしば同じなのではないかと思うが——、日本のジュビリーの代表が指令を出せば世界のNGOが動くなどという構造にはなっていない。中心的な役割を果たしていたイギリスのジュビリーにしても同じことで、自分のところが主催するアクションの呼びかけはしたって、みんなが言うことを聞くかどうかはまったく分からない。だからこそのNGOなのだ。極端な話、自分でNGOだと言ってしまえばNGOになるわけで、スターバックスを壊したいと思っているNGOもいれば、そこでカプチーノを飲みたいと思っているNGOもいる。実際、ジュビリーの場合も一つの国に二つ以上の組織があるところもあって、フィリピンもその一例なのだが、招待する場合はどちらにするべきか、日本ジュビリー委員会としてはかなり悩んだものだ。

だから、NGOがどうやって貧困とたたかうかというのは、それぞれが決めていくことで、統一された見解などないわけだ。

でも、全体的に見れば、やはり一定の方向はあるように思う。その根本は、一人一人の人のところから出発する、ということだろう。僕はそれを、ものすごくおおざっぱな呼び名で、ＮＧＯ主義、と勝手に呼んでいる。

「やめときなはれ」とカラバルゾン計画

「やってみなはれ」とサントリーの創業者鳥居信治郎は言ったという。新しいアイデアができたら、多少無謀に思えてもとにかくやってみる。若手の突飛なアイデアを評価し、実行に移すことでサントリーは有数の企業に成長した。いちかばちかで賭けてみて、それがうまくいき、新しい製品、新しい市場を生み出す。誰も思いつかなかったような楽しさ、便利さをつくりだし、新しい価値を生む。そうしたさまざまな成功物語に支えられて、日本経済は成長し、世界に冠たる先進国日本ができあがった。これは実は、ハイリスクハイリターンの成功物語だ。その陰には失敗も数多くあっただろう。ただ、様々な要因がいい方に働き、ハイリターンが比較的多く、もてはやされた。

しかしながら、九〇年代に入ると、ハイリターンはすっかり怪しくなった。いわゆるバブルの崩壊で、ハイリスクに挑戦した者の多くがリターンを得られなくなった。現在各地で続くリゾートやテーマパークの崩壊は、この失敗のたくさんの例だ。

やるか、やらないかという場面では、「やる」方が楽しい。どうしようか迷っていたら、やってみればいい。つくるかつくらないかの選択の前では、とにかくつくってみよう。僕たちは、さまざまな場面でそうした「やってみなはれ哲学」を植え付けられてきた。

職場で、家庭で、学校で。テレビもまた、この「やってみなはれ哲学」の主要な舞台だ。やらないこと、はドラマにならない。失敗するにせよ成功するにせよ、がんばってやってみないことにはテレビ番組にならないから、テレビはとにかく、やってみる。僕たちはほとんど当然のように、やらないことに対するやってみることの優位を信じている。

やってみることは若々しい。リスクを怖れてやらないことは年老いている。そうした考え方の元には、若いことがいいことだ、という価値観もある。

こうした「やってみなはれ哲学」は、別名フロンティア・スピリットともいう。日本語で開拓者精神と訳されるこの言葉が二十世紀をアメリカの世紀とする原動力となった。自然を平定し、邪魔者を追い出して、新しい世界をつくること。そうしてがんばる人たちに最大限の自由を与えること。それがグローバリズムの原点だ。

それが頂点に達した頃アメリカにヒッピーたちがあらわれたのは、必然だった。ヒッピーたちは、やってみないことを優位において、自然のままに暮らすことを提唱した。自分の心地よさ、感性の豊かさに価値をおいて、ものにたよる生活を否定してみせたのだ。けれどそのヒッピー文化は日本にはやってこなかった。意匠だけは入ってきたのかもしれないが、その精神は取り入れられなかった。高度成長の波に乗って、日本人はひたすらがんばり続け、ものを作り続けた。

それが破綻していることは、多くの人が認めているところだ。豊かさが増したとは思えないし、貧困は解消していない。環境はますます破壊され、人と人との関係は希薄になっている。これがマトリックスの右上の問題点だ。

「がんばる」ことに懐疑を抱いている人は増えている。「がんばらない」ことを勧める人もいる。現代の若者はがんばらない。高校の教師としてはそれがしばしば歯痒く感じられもするのだけれど、僕も含めて、それを歯痒く思う大人は、がんばって物をつくってきた世代に属する人々だ。その結果としてどうなったのか。これからその結果としてどうなっていくのか。そこまで考えないと、がんばることのプラス面を評価することはできない。

インドネシアの食堂で。このおばちゃんは、注文を受けてから客と30分おしゃべりをしていたが、文句を言う人はなかった。1時間後のナシゴレン（インドネシアのチャーハン）がおいしかった。

ただ、現代のがんばらない若者たちの多くは、楽で面白いものには飛びついてしまう。自分はがんばらなくても、他人ががんばることは期待している。誰かががんばった結果を、楽に享受したいと思っている。つまらないものはすぐに放りだし、より面白いものに飛びつく。そうした若者たちは、実はマトリックスの真ん中にいるわけではない。経済的には明らかに、右上のところに属している。左下にたどりつくまで、それほど距離は遠くないというのに、そこにシフトしようとまで考えている若者は少数だ。

僕は、マトリックスの真ん中たるＮＧＯ主義の中でも、やや下寄りの位置に場所を定めたいと思っている。右側の方に与するつもりはないから、左寄りのところだ。

経済成長には、価値をおかない。なにかを作り出すことによってプラスの価値を与えていくよりも、マイナスの価値を作り出さないことの方を優先する。少なくとも今の日本では、これ以上の成長は必要がない。よりプラスになる便利さ、楽しさを追い求めてきたけれども、その分多くの人々が幸せになっているのかと考えればそれは自明だ。

途上国に対しても、同じ場所で考えることができる。日本のまねをする必要はない。全体を成長させ、便利で楽なものを増やすよりも、現在ある、あるいは失われつつある幸せをなくさないことを優先するべきだ。

この立場から、当時はどちらとも決められなかったカラバルゾン計画について考えると、次のようになる。

たとえ仕事が増え、多くの人の生活が楽になるとしても、カラバルゾン計画はいけない計画だった。その陰で苦しむ人がいる限り、そこへ進んではいけない。

少数の人のマイナスと、多数の人のプラスを天秤にかけたら、マイナスの方が重い。マイナスになっ

バリのコミュニティ。日本人を見るのは初めてだ。「緑の革命」による高収穫ハイブリッド米の導入で、現金収入を得ないと翌年の種籾が買えなくなった、と訴えた。

ている人がいる、ということを知りながらプラスを喜ぶことはできない。それによって苦しむ人がいるのならば、自分にとってプラスになるとしても、精神的にマイナスになる。それならば、ゼロの方がよい。

カラバルゾン計画の、そしてそれ以後の、たとえば中部ルソン計画の目指すところは、一点の疑問もない経済成長だ。そのためには多少の犠牲は仕方がない、と考える。環境破壊など大した問題ではない。小さな村の自然を破壊しても、大きな幸福がそのあとに待っているのだからよいのだ、と説き伏せる。

それは二つの点で間違っている。

ひとつは、必ずしも大きな幸せが待っているとは言えないこと。そうでない場合の方が多い。今の生活に満足している人々にとって、たとえ便利になり、たくさんのお金が入ってきても、むかしの生活の方がよかった、と思うことは多いはずだ。それはノスタルジーだけではないだろう。

もうひとつは、その犠牲が、必ずしも他の人のためになるとも限らないこと。計画を作った人々は、とことんつきつめて考えただろうか。一旦できた計画は、推進することだけが目的になっていたのではないだろうか。

成田でも、長良川でも諫早でも、僕たちはそれを経験してきた。いったい誰の幸せのための計画だったのか。不特定の、あいまいな地域のあいまいな顔をした人々。便利になるならその方がいいけど、という程度の人々。始まった計画だから、と仕事として進めていく人々。あるいは、もっとはっきりと、金儲けの投資と考えている人々。それによって苦しむのは、代々そこに住んでいた山田さんであり佐藤さんであり、生活を持った一人一人の人々だ。

経済成長はすべてだめだ、とまで言うつもりはないが、少しでもマイナス要素が含まれるならばだめだ。すべての人が賛成するまではだめだ。反対者を説得することができないのならば、やってはいけない。

二十一世紀には、「やってみなはれ」ではなく、「やめときなはれ」の哲学が必要なのだ。

chap. 7 NGOはこうやる

子どもの死のくい止め方

学校や外部での講演などでNGOの活動についての話をするときには、最初に次の問題を配り、記入してもらう。

「インド・オリッサ州の山岳民族の村バダバダ村には、出産は女性が自分一人だけでやるという習慣があります。また、狩りに使う弓矢でへその緒を切るという伝統があり、それが非衛生なために新生児死亡率が非常に高くなっています。病気は精霊が起こすと考えているため、手を洗ったりする習慣もありません。この状況を改善する方法を考えてください。」

もうひとつはフィリピンのイフガオの話だ。

「フィリピン・イフガオ州の高い山の山腹にあるカランガン村は、先住民族の村です。すべての人が農業を営んでいます。ここでは子どもの下痢がとても多く、死亡率が都市部の五倍以上になっています。調べてみると、このあたりではトイレをつくる習慣がなく、みんな斜面につくられた畑で用を足しているということが分かりました。しかも水場が人々がトイレとして使うあたりの下にあるため、汚染された水を飲んでいることが考えられます。

この村の状況を改善するためにできることを考えてください。」

これはいうまでもなく、実例だ。そして、今実際に行われている正解はある。実際に行われている、という限定がミソで、それが本当に正しいのかどうかは分からない。

開発の問題を考えるとき、僕はしばしば、育児法をめぐる問題を思い出す。たとえば人工乳。小学生の頃、「頭のいい子に育てよう！　ガラクトース入り○○ミルク！」というコマーシャルを見た時、僕は母乳で育てた母を恨んだものだ。たとえばうつぶせ寝。呼吸器にいいのだったか筋力にいいのだったか、長男を育てている頃はそれがブームで、今十七歳の長男は、赤ちゃん時代のかなりの時間をうつぶせに寝て過ごした。突然死の原因になる、と止められるようになったのはずいぶんあとのことだ。

最近では、足を保護する靴というのもある。多くの子どもが足に合わない靴を履かされている、きちんと足に合った靴が必要だ、という報道で、多くの親がナイキやらリーボックやらの子ども靴をとっかえひっかえ買わざるを得なくなったのだが、最近、その主唱者であった医者が新聞紙上に書いていた。「いい靴をはかせて子どもをきちんと歩かせようとしたのは間違いだった。考えてみれば、昔から子どもは合わない靴を履いていた。靴で保護してしまうとむしろきちんと発育しなくなることが考えられる。」

開発の問題も同じだ。あれこれ試行錯誤が続けられているが、これが正解、というものは見つかっていない。今の時点で正解とされているものはあるが、多くの問題が指摘されているのも事実だ。結局のところ、この種の努力は不断に変わっていくべきものなのだろうが、以前のは間違いだった、と聞かされるのはどうも変な感じだ。

さて、上記の、インド・バダバダ村の問題に対して寄せられる答えは。

単純なのは、「医者が出産を手伝うようにする」というもの。そして「衛生的な産院をつくる」というもの。もう少し進んだ答えで、「医者に出産方法を教えてもらい、村の人が助産婦として出産させられるようにする」というものだ。

それをしてくれる医者がいるならば、これはこれで正解としていいだろう。ただし、安く働いてくれる献身的な医者が何人もいるならば、という条件つきだ。分娩はいつ始まるか分からないから、近くても三十分は歩く十四の集落をカバーするには、一人や二人では足りない。きちんとした対価を払うとなったら、NGOの資金では数ヶ月で終わってしまうだろう。

出産施設も難しい。こうしたところでは出産直前まで仕事をしているのが普通だから、入院などはまず考えられない。

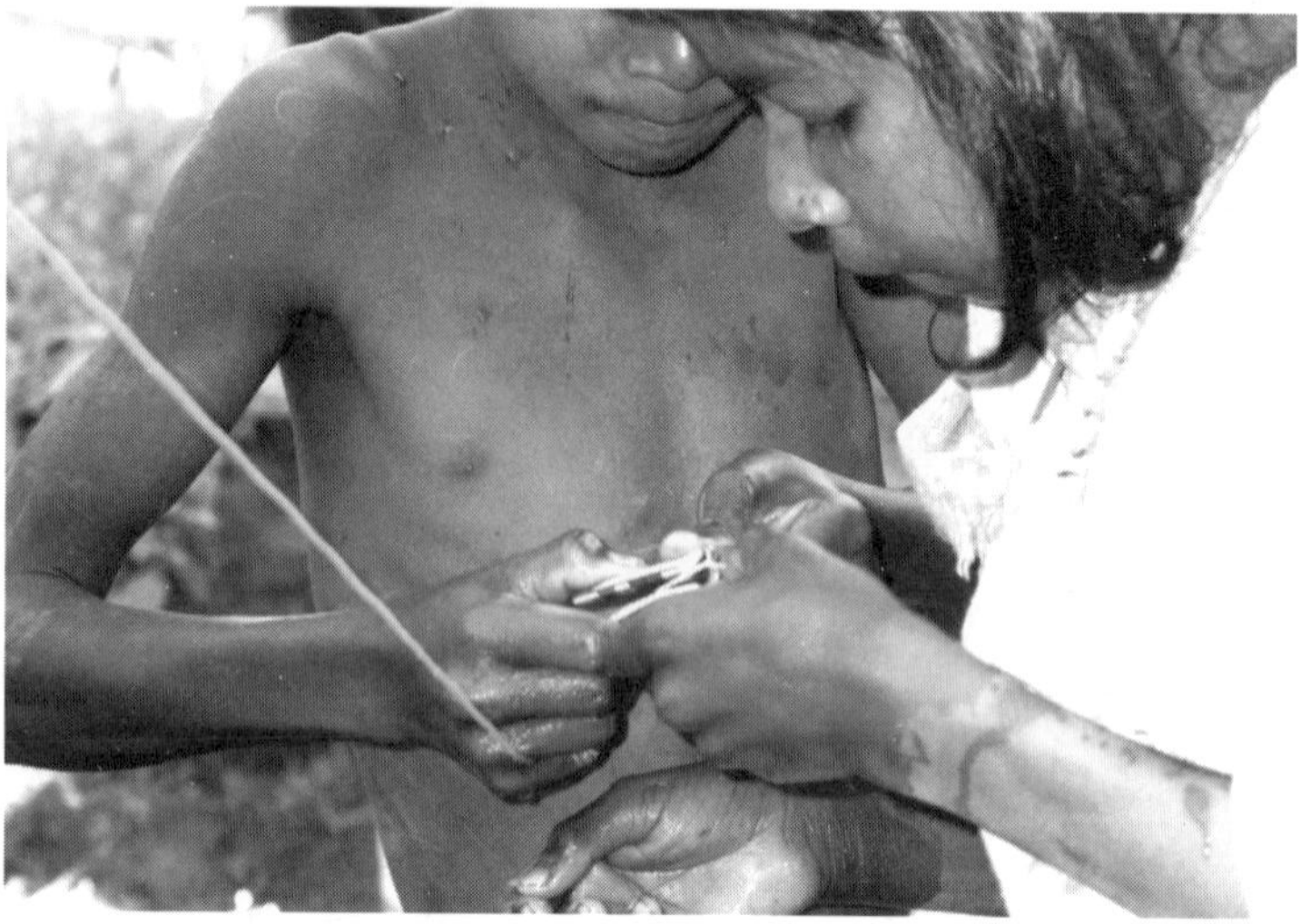

井戸の横に石けんと爪切りがおいてある。子ども同士で切り合うのも学習だ。

住民による助産婦システムに関しては、そうした保健ワーカー養成プログラムをフィリピンでは実施している。しかし、大人に対する識字ができていないP2ビレッジでは、実用レベルまでトレーニングを施すのには、もう少し時間がかかりそうだ。

「手を洗うことを教える」「病気がどうして起こるか教えてあげる」というのは、それなりの答えではある。ただ、どうやって教えるかは難しい。日本の子どもは、小さいときに、親からしつけられ、幼稚園や小学校で教わってそれを知っている。手を洗いなさい、汚いよ、とどこかで強制されてきている。ダバダバ村の大人たちに誰が強制するのか。あるいは、どうやって強制せずに、自分たちが納得して洗うようになるか。

ニュー・ホープは、時には紙芝居を使い、時

＊コミュニティ保健ワーカー

医療援助の一般的なイメージといえば、「先進国」の医師が貧しい国の子どもに聴診器をあて、予防接種をしている構図だろう。確かにそうい う医療援助も必要ではあるが、実際には、死亡原因の大きなものは、病気よりも下痢やけが、栄養失調といったもので、安全な水の補給、衛生状態の改善といった予防保健活動（プライマリ・ヘルス・ケア）の方がより重要だ。その知識は深いものである必要はないが、住民の身近になくてはいけない。

国際民衆保健協議会ＩＰＨＣのコーディネーターであるデビッド・サンダースは、住民による保健衛生管理の戦略として、①保健医療の運営が国家から選ばれた者によってでなく民主的に行われるように闘うこと、②医療専門家による独占を弱めること、③医療ビジネスによる利益の過剰を監視によって制限すること、の三つのアプローチをあげている〔**『いのち・開発・NGO』**デヴィッド・ワーナー、デヴィッド・サンダース、新評論〕。医師よりも看護婦、看護婦よりも地域住民であるコミュニティ保健ワーカーが重要である所以だ。

しっかりしたコミュニティ保健ワーカーは地域の信頼を得る。イフガオのある村では、ＰＲＲＭのトレーニングを受けて、自宅を保健室として開放していた保健ワーカーの女性が、そのまま村長に選ばれていた。

膨大な文献資料を駆使してこのプライマリ・ヘルス・ケアと子どもの医療について解説している『いのち・開発・ＮＧＯ』は、経口補水療法ＯＲＴの導入法というやや専門的な問題に多くのページを割きすぎているという欠点を除けば、この分野の必読書である。

P2 ビレッジの浄水器。置いても納得してなければ宝のもちぐされだから、導入するまでに、さまざまな方法で必要性を訴えかける。

にはビデオを使ってそれをやっている。電気などないから、発電機とテレビとビデオと、一式を数人が肩に担いで運び、上映会をやるのだ。ばい菌君が出てきて、それが暴れると病気になる。石けんで手を洗うとばい菌君が洗い流されて、その人は元気になる、というようなものを見せて、そのあと実際に石けんで手を洗ってもらう。

この石けんに関しては、日本からの訪問者はしばしば、現地のNGOメンバーに注意される。僕たちはもう食事の前に手を洗うという習慣をむしろ忘れていて、そのままで食べようとするからだ。食事は手でするのだから僕たちだって洗った方がいいのはもちろんだけれど、それ以上に、外国人である

出産キット。右が中身、左がそれを包んだ状態。各村に保健コーナーをつくり、置いておく。

僕たちが洗ってみせなかったら効果は半減してしまうからで、よいお手本として、きちんと手を洗ってみせなければならないのだ。

「出産に弓矢を使わせない」。これは半分正解だ。弓矢が感染源であることに間違いはない。使わなくなれば、感染は減る。問題は、伝統的にやっているものをどうやってやめさせるかという戦略になる。

ニュー・ホープが成功した戦略は、新しい、もう少し衛生的な伝統に置き換えることだった。

へその緒を切って消毒するためのカミソリナイフと消毒薬、ガーゼとひとつにした「出産キット」をつくり、それと弓矢をお守りのように産婦の枕元に置く。出産したら、弓矢で出産キットを切り開き、中のカミソ

＊感染症

国際赤十字社・赤新月同盟の年次報告二〇〇〇年版によれば、一九九九年中に世界で一三〇〇万人が感染症によって死亡したという。同じ報告書はこの大半は五ドル程度のコストの予防措置で防げたはずで、自然災害の百倍近い死者を出しているエイズ・マラリアなどの感染症は国際社会の努力で減らせるものだと指摘している。「債務と貧困ネットワーク（前ジュビリー二〇〇〇）」は、債務とエイズが開発の最大の問題だとしている。

これについて、「債務と貧困ネットワーク」の北沢洋子は、「草の根援助運動」主催の講演会（二〇〇一年一〇月）で次のように説明している。「最大の危機はアフリカのエイズだ。毎日六五〇〇人が死んでいる。ＨＩＶに感染することを止めることはできないが、エイズの発症を止める薬はあるのでその薬さえ飲めば死ぬことはない。この薬は高いが、ブラジルでは一日分三十円で買えるコピー薬が出されており、それを政府が買い上げて、貧しい人に無料で配布している。これによりブラジルではエイズによる死者が三年間で半分に減った。しかし製薬会社は、その他の国でそれが普及するのをＷＴＯの知的所有権を楯に阻んでいる。その死者は本来救われるべきものなのだ。」

少し話は逸れるが、モロッコの著名な知識人マフディ・エルマンジュラ氏は、上智大での講演（二〇〇一年一〇月）において、AIDS と援助 aid は言葉だけでなく中身も似ている、と指摘して聴衆を沸かせた。エルマンジュラ氏によれば、エイズも援助も相手の体内（国内）に入って免疫をなくし、抗体（抵抗力）を低下させる働きがある、という。援助の本質をついているかもしれない。

リでへその緒を切る、というものだった。

これはかなりの成功を収めた。最近では、P2ビレッジ内での出産では、半分以上のケースで出産キットが使われ、新生児死亡率は二ケタ台にまで下がった。一ケタまでにはまだまだ遠いが、かなりの改善ではある。

ついでにフィリピン・カランガン村の問題については、こうだ。

「トイレを造ってあげる」「井戸を掘ってあげる」「衛生的な飲み水をあげる」というのはいずれも不正解。外で気持ちよく立ちションをしている人に、この建物の中でしろ、といっても、なんらかの動機付けがないかぎり不可能だし、今まで泉で水を飲んでいたのに、この浄水器から飲めと言ってもだれも飲まない。設置しても誰も使わず、いつの間にか壊れてしまうのが関の山だ。

バダバダ村の場合と同じく、「衛生について教えてあげる」というのも、間違いではないにしても答えになっていない。どうやって教えるのかが問われているのだ。

僕たちの持っている正解は、「子どもを抱いた母親、これから出産する母親に話しかけて、どうして子どもが死ぬのかを考えてもらう」。切実に考えられる人に問題点をつきつけ、それから答えを自分たちで考えさせ、そうしてからようやく、正解を知らせる、ということで、これは実は、いま小学校の「総合的学習の時間」などでも盛んに言われ始めている「問題発見型学習」というやつによく似ている。そうしたのち、住民自らが解決法を見い出して、その要求を受け入れる形でNGOが支援する。

実際の場面では、NGOのコミュニティ・オーガナイザーが、毎日毎週村に通い、村人たちの信頼

バングラデシュ・コナバリ村の井戸プロジェクト。これも「草の根援助運動」の支援により現地ＮＧＯが設置したものだ。

を得るところから始まる。このコミュニティ・オーガナイザーというのはＮＧＯの要であり実働部隊だから、若いスタッフはたいてい最初にこれを経験させられる。

その話に応じて集まってくる住民――この場合は女性たち――を、話し合いの末、保健委員会として組織化する。委員長を決め、書記を決めて、村内の衛生状況を改善する活動を始めさせる。とはいっても基礎的な知識がないと無理だから、ＮＧＯがトレーニングを提供して、委員会メンバーに保健衛生の基礎的な部分や、薬や器具の使い方などを伝える。委員長や意欲的な人にはさらに、ＮＧＯの研修センターで行う三日なり一週間なりの集中トレーニングに参加してもらう。

そうやって衛生状態についての問題意識を持った人たちが作り出せれば、目的は半分達成

イフガオ・カランガン村のトイレ。数メートル掘った穴の中に浄化砂を入れるだけの浸透式で、造りはごく単純。難しいのはここに行き着くまでの意識の普及だ。

だ。

村の状況はどうすればよくなるか。トイレをあそこに造ればいい。みんながトイレを使うようになればいい。水場をここに持っていけばよい。そうしたアイデアが出てきたら、NGOが手伝って実現に持っていく。

ただ「井戸を掘ってあげる」のとは天と地ほどの違いもある、住民が望んでつくられた井戸やトイレができあがる。ここまでこぎつけるのに、時には一年も二年もかかることがある。コミュニティ・オーガナイザーは何百回も通ってここまでこぎつける。まだるっこしいし、時間も、ときには費用もかかるが、これがNGOの手法だ。これが正しい答えかどうかは分からない。もっともっといい答えがあるのかもしれないが、僕たちはこれが、今の時点では最善と信じている。

ちなみに、このコミュニティ・オーガナイザーを完全なよそ者である外国人がやるのは難しい。一方、そのオーガナイザーの給与や活動費、トイレや井戸の製作費を支えるのは「先進国」NGOの主要な役割となる。

識字教育

P2ビレッジのいくつかから通える場所に、州当局が小学校を建てた。義務教育の義務を果たそうということだ。小さいながら、村人たちの土の家よりは数段立派な、壁塗りもなされた立派な建物だ。問題は先生が来ないことだった。なにしろ山の中だ。こんなところにわざわざ来て、山岳民族の子どもたちに勉強を教えてくれるような先生はなかなか見つからない。来てくれたことはあったらしいのだが続かず、結局学校は使われず、建物は放置されている。

そこで、P2プロジェクトでは、インフォーマル・エデュケーション、公的なものではない代替的な教育として、識字教室を進めている。集落の集会場——しばしばプロジェクトの一部として建設される——や、場合によっては誰かの家を使って、一日一時間から二時間ほど、読み書きを教える。

内容は主に、文字の書き方、読み方、そして簡単な計算のやり方だ。

歌を歌ったり、読んだりという基本的なカリキュラムは共通にしてある。先生役は、P2ビレッジの中では比較的開けた村から、かつて低地の学校に通ったことのある人々を選んでやってもらう。教

左の女性が、ニュー・ホープのコミュニティ・オーガナイザー。青い服を着ているので、ブルー・ピープルと呼ばれて親しまれている。

育レベルが高いとはいえないけれど、読み書きならばなんとかなる。

現在通ってきているのは、村の子どもたち。すべてではないが、それぞれの村で、半分以上の子どもが通ってきている。

実は、当初は村の女性たちに識字教育を行う予定だった。しかし女性たちはなかなか進歩せず、出席率も悪い。一緒に来ていた子どもの方が先に覚えてしまう、ということが分かってから、女性たちの要望もあって、成人の識字はあきらめて子どもにシフトした。

子どもをターゲットにしたのは成功だった。

ただその、低地の言葉であるオリア語の識字教育を行うとなると、きちんと考えるべき問題が発生してくる。それは、

十字路の市。早朝なのでかなり寒い。色鮮やかなお菓子を、子どもたちは指をくわえて眺めている。

目的はなんなのかということだ。

毎週火曜日の深夜、女たちが、重さ二十キロはある薪の束を持って村を出発する。女たちは五人から十人ほどの集団となって夜通し歩く。真っ暗な山道を重い荷物を頭に載せて歩くのは重労働なのだが、それが成人の女性たちの習慣だ。その女性たちは、朝六時頃、市が開かれる下の町の十字路にやってくる。

十字路は市が開かれるところだ。農産物や衣類。さまざまな瓶や壺。たくさんのプラスティックのアクセサリーを、ちょうど縁日の夜店のように売っている店。にぎやかというほどではないが、それでも山の中の村からやってきた女たちの目には大都会のように見えているだろう。

ところが、女たちは市で直接売ることはしない。市より数百メートル手前で待っている、仲買の男たちの前に荷を下ろし、そこで三十ルピーを受け取る。直接市に出店すれば——そして、制度的には売る物があれば出せるらしいのだが――それは五十ルピーにはなる品物だ。しかし、女たちはその数百メートルが突破できない。それは、女だからかもしれないし、山岳民族だからかもしれない。しかし、言葉の壁が大きいことは疑いない。

算数ができないことも、もうひとつの大きな壁だ。

彼女たちがどの程度数えられるのか分からないが、普段は「数」ではなくて「量」で決めている。見ている限り、P2ビレッジ同士の交易はすべて物々交換だ。かご一杯のしょうがと、同じかご一杯の栗を交換する。布などは村レベルでの交換はしていないようなのだけれど、もしするとしたら、やはり量で交換するのだろう。端から見ていると、どうもどちらかが損しているような気がするのだけれど、本人たちが納得しているのだから、フェアトレードではある。

しかし、村の市ではそうはいかない。その間に貨幣が介在する。仲買人たちが払う三十ルピーと、彼ら――すべて男だった――がそれを売って儲ける五十ルピーの差に、気づいているのかどうか。

インフォーマル学校では、そのために算数を教える。せいぜい二ケタの足し算程度だが、そのからくりに気づいて、もっと正当な対価を得ることができるかもしれない。

しかし。その先にあるのは、P2ビレッジの村人たちが、さらに貨幣経済を進めていくことだ。もっとたくさんのものを売ることができるようになり、もっときちんと貨幣を集めることができるようになる。そうして、もっとたくさんのものを買うことができるようになる。このあたりになると、日本の学生の中から、また一人二人、賛同者が落ちていく。彼ら・彼女らに貨幣が必要か。いい悪いを言う前に、貨幣経済を避けて通ることはできないのだから間違いなく必要だと僕は思うのだが、反対者も少なくない。

貯蓄と金融

NGOのもう一つの大きな援助方法の一つに、貯蓄と金融がある。

金融で有名なのは、バングラデシュのユヌス博士が始めたグラミン銀行だ。

一九七六年、銀行や市中金融からお金が借りられない貧困女性に博士がお金を貸したのをきっかけとして、返済に関する連帯責任の五人組制度、資産が少なければ少ないほど多額の融資が受けられるなどという、普通の銀行の逆をいく貧困層専門の金融機関グラミン銀行がつくられた。同銀行は今ではバングラデシュ国内で二百四十万人に融資をしているという。

こうした小規模金融は開発援助の切り札とさえされていて、かつては色々な援助をやってみたけれど今はこれひとつに絞っている、というヨーロッパのNGOも数多い。途上国だけでなくアメリカなど「先進国」でも行われている。アメリカで初めてアーカンソー州が導入したのは、のちに大統領になるクリントン知事時代のことだ。

P2ビレッジでは現在、この小規模金融をはじめる前段階としての貯蓄をすすめているところだ。

小規模金融のマイクロクレジットに対して、貯蓄を含めたシステムをマイクロファイナンスと呼ぶこ

箱にお金を入れる。自分の袋の色が決まっている。

とがあるが、そのスタート地点にいるわけだ。

各集落の信頼できる女性を、貯蓄責任者に任命する。責任者は、決められた日に村のセンターに青い木箱を置いて、個人の貯金を集める。貯金する女性のほとんどは文字が識別できないから、それぞれ違った色の袋を持っていて、それにお金を入れて箱に貯金するというシステムだ。責任者がそれを預かっておき、その集落担当のコミュニティ・オーガナイザーが来たときに渡す。そのお金をニュー・ホープが管理する、というシステムになっている。

唯一の収入源は女たちが市で売るものだから、一回の貯蓄は一ルピー二ルピーといった程度だ。週一回ずつ何年もやって、ようやく百ルピーが貯まるという具合で、P2ビレッジの中では、三年で百五十五ルピー貯めた女性が最高額だった。紹介された時にとても誇らしげなので、僕はその人

*マイクロファイナンス

マイクロファイナンスについては、そのものズバリの『マイクロファイナンス読本』〔岡本真理子・栗野晴子・吉田秀美編著、明石書店〕がある。これは、マイクロファイナンスの概念規定から始めて、開発援助の中での位置、制度の解説、それにグラミン銀行からシャプラニール、インドのSEWA銀行など各種の事例まで報告している便利な本だ。

実は、僕が本文の第九章でもう一つの例として載せているグジャラートの村で行われているのも、この本で紹介されているSEWA銀行の活動の一端だ。夫に見つかると取り上げられるので通帳ごと預けるなど、女性たちは苦労して貯蓄していた。

ただ、同書でも触れられているが、マイクロファイナンスは、開発援助の切り札とするには問題点が多い。一番大きいのは、僕が九章であげている最貧層に届かないという問題だ。マイクロファイナンスは、ビジネス支援と福祉という二つの面を持っているが、しばしばビジネス側に片寄って、自助努力の出来る、企業家精神溢れる人を称揚することになる。返済のためには金を稼がなくてはならない。その能力のある人しか恩恵にあずかれないし、いやおうなしに、主流派開発主義に人々を巻き込んでいくことになり、乗り遅れる人は置き去りにされる。

この問題について、『マイクロファイナンス読本』はまずそれが「融資方法による問題か固有の問題であるのか区別する必要がある」としている。そして、融資方法については、グラミン銀行の場合も検討の余地があるとし、固有の問題については、そもそもマイクロファイナンスは多様なツールの一つであり、融資対象を最貧困層と限定することにもともと矛盾があるのである、としている。

問題は他にもある。ＮＧＯのプログラムとしてマイクロファイナンスを実施する場合、貸付―返済システムが予算の中に組み込まれることになり、末端でしばしば強引な貸金回収が行われるようになる。グラミン銀行は返済率九九％と紹介されるが、リスクのないビジネスなどあるわけもなく、その返済を行うためにさまざまな無理が生じているのは想像に難くない。

一方、福祉的な面を前面に出すと、借り手には楽になるが、返済率が下がる。実はＰＲＲＭもマイクロファイナンスシステムを持っているのだが、強引に取り立てないため、返済率がかなり低い。総合的開発の一プログラムとして行っているからか国民性なのか、貸付としては成立していないというのが実情で、システムとしては非常にまずい状況と言わざるをえないが、それでも結果的に役に立っていればいいではないか、という議論もあり、評価は分かれている。

一言でいえば、マイクロファイナンスにも多くの問題点があり、導入や運営には、それを認識しながらすすめていくという「ＮＧＯ主義」的態度が絶対に必要だ、ということだ。

の名を書き留めてきた。ルパリ・プシカさんという、小柄な、いかにも意志の強そうな女性だった。百五十五ルピーというと、今のレートで四百円くらいだ。いかに物価が安いとはいっても、少しいいものなら毛布一枚分ぐらいにしかならない。が、それでもこうした貯蓄プログラムの意義は大きい。

貯蓄というのはかなり高度な考え方のようで、こうしたプログラムなしにお金を貯めるというのは、貧しい層にとってはかなり難しいものなのだ。

最初の頃不思議に思ったのが、スラムに食べ物屋が多いことだ。どの国に行っても、スラムと言われる場所にはちょっとした食べ物屋がある。移動式の屋台から固定された店まで千差万別だが、朝食夕食までたくさんの人がそんな食べ物屋で食べている。一体どうしてだろう、自分のところで作れば安上がりなのに。なるほど、そういうところほど人は人との交流を好むもので、社交的な場を求めるという心理が働くのだな……という勝手な推測は、間違いだった。

そうではなかったのだ。調理には道具がいる、道具を買うにはお金を貯めなければならないのだ、ということに気づいたのは少し後だった。鍋釜という文字通り生活に必要な最低限の道具でも、買うにはまとまったお金がいる。その日暮らしの人々にとっては難しいことなのだ。

彼ら・彼女らがほんとにそんな自転車操業をしているのかといえば、必ずしもそうではない。時にはまとまったお金が入ることもある。しかし貯蓄システムがないと、そのお金でいつもより少し豪華に食べてしまう、あるいは買えるアクセサリーを買ってしまう。とっておいて、あとでまとまった額になってから使うという発想は、自然には出てこないものらしい。

ニュー・ホープの保健衛生教育。病気の原因を図で教えている。

日本でもかつては無尽というシステムがあり、みんなで貯蓄をしてそれを借り出すということが各地で行われていたという。今の日本では、自分で決めて自分で貯蓄をし、ローンを組むことができるけれど、それは貯蓄という概念が子どもの頃からどこかで知らされ、なおかつ商業的な金融のシステムが普通の人にまで開かれているという状況があるから可能なので、そうではないのが普通なのだ。

その貯蓄がある程度進んだら、その何倍かの資金が借り入れられるようになる、というのがこのシステムなのだが、その段階までは、このP２ビレッジではまだ至っていない。

ボンベイのスラムで

貯蓄プログラムは、インド・ボンベイ（ムンバ

スラムの家の中。申し訳ないけど一枚だけ、撮らせてもらった。

イ）のスラムでも行われていた。こちらでは実際に融資もなされていた。

ボンベイは人口が千百万人、世界でも最大級の都市のひとつだ。その人口のほぼ半分が、自分の家を持っていないというすさまじい土地でもある。

自分の家を持っていないとどこに住むのか？マニラでは控えめだが、その人数が圧倒的に多いボンベイでは、堂々と道路の一部を占拠して住んでいる。スラム地域と目される場所には、ビルに沿ってビニールシートや廃材の、掘っ建て小屋とも呼べないような小屋が延々と立ち並ぶ。四本の柱を立てた広さは、ほぼ二メートル×四メートル。屋根がない家もあるし、段ボールだけの家もあるし、タイヤのない古い車の中に住んでいる家族もいる。

一軒の家の中を見せてもらったが、本当に何

*ボンベイかムンバイか

インド西部の大都市ボンベイ、南部の大都市のマドラスはそれぞれ、九〇年代に地元議会の決議によってムンバイ、チェンナイという名前に変更された。侵略者であった宗主国イギリスが名付けたそうした名を元に戻そうというのはもっともなことだとも思える。しかしことはそう単純ではなく、ヒンズー教至上主義を掲げるインド人民党の台頭がその裏にある。インド独立の父たるマハトマ・ガンジーは宗教と政治の分離を説いたが、それに反対し、パキスタンとの分裂を誘発し、ガンジー暗殺に動いた民族義勇団がこのインド人民党の母体となった。インドは多民族・多言語国家だが、それをなんとかまとめてきたのが国民会議派だった。インド人民党はそれに対抗する民族主義的傾向を持ち、それがこうした旧来の名前の復活を各地で求めている。

こうした動きはインドだけではなく、隣国のパキスタンにも飛び火していて、一九九八年にはパキスタンでも「北西辺境州」を「パシュトゥンカー」と改名する要求がパシュトゥン民族の地域政党から出されたという(『朝日新聞』九八年三月一九日)。パシュトゥンはアフガン原理主義タリバーンを構成する民族だから、これもまた民族主義に基づいた要求と考えてよいだろう。

現地NGOメンバーらは声高に反対をするわけではないが、みな旧来のボンベイ、マドラスという名前を使っていた。二〇〇二年一月九日の『朝日新聞』によれば、カルカッタも「コルカタ」という名前に改名したということだが、世論調査によれば反対者の方が多いとも報じられており、外国人である僕たちとしては当分は両方を併記して使うしかなさそうである。

＊スラムとスクォッター・エリア

本書ではよく知られたスラムという言葉に統一しているが、スクォッター・エリアと称される場合も多い。スラムというのは劣悪な住環境という物理的な面から見たときの言葉であるのに対して、スクォッターというのは法律的な概念で、公有地や私有地に無断で住み着いている人のことをいう。だから、スクォッターが住むのは大抵スラムになるが、居住権を得た、スクォッターではない人の住むスラムというのもたくさんある。アジア最大のスラムと呼ばれるバンコクのクロントイ地区、マニラのトンド地区などがその例だ。本書に登場するボンベイのスラムは道路上なので、まちがいなくスクォッター・エリアである。一方カプニタン村は、六〇年代に勝手に海岸に住み着いたので元はスクォッター・エリアであったが、交渉により居住権を認められているので現在はそうではない。この区別は、居住者が住む権利を持っているかどうかということに関わるので、意外に大事だ。〔**『現代アジアのスラム』**、新津晃一編、明石書店〕

ただし、貧しい人がすべてスラムやスクォッター・エリアに住んでいるわけでもない。インドネシアのリンタクであるベチャ乗りなどは、それを居住場所としている人も多い。明け方町を散歩していると、体を窮屈そうにまげてその上で寝ている人をよく見る。唯一の財産を守りながら生活の場も確保できるわけで、一石二鳥ではあるが、僕たちには想像もできない生活ではある。また、リゾート地のホテルなどでも、よく観察すると、敷地内のベンチあたりで寝ている従業員がたくさんいることに気付く。雨期乾期のはっきりした熱帯ならではの居住場所だ。

マヒラ・ミランの事務所で。昼食はもちろんカレー。奥の壁に住民たちの貯蓄高一覧表が貼ってある。

もなくて、そしてとても片づいていた。自分の家だからきちんとするのだ、という気概に満ちていた。その家ではアルミの鍋釜を持っていたが、それがぴかぴかに磨き上げられていて、なんだか胸を打つ光景だった。

数え切れない人々がそうして住んでいるのだけれど、法律的にはもちろん違法だ。違法だから、たまには追い立てがある。市当局の要請によって警察と作業員がやってきて「不法住居」を壊していくのだが、壊されても他に行くところもない。それでも市は取り壊す。住民は建てる。

NGOであるスパルクに指導された住民組織、マヒラ・ミランは、ある時その取り壊し作業に来た一団に対してこう宣言した。

「これは私たちの財産だから、手を出さないでほしい。自分たちで取り壊す。」

言われた側は面食らっただろう。だがとにかくそれを受け入れた。そこで住民たちは期限とされた時間までに整然と家を取り壊し、通りを明け渡したのだという。

明け渡した住民はどこに行ったのか？

どこにも行かなかった。警察が去ったあとはすぐに戻ってきて、元通り住居をつくって、その夕食時にはもう、普段通りの生活に戻っていた。

この話をしてくれたのは、スパルクのメンバーで、マヒラ・ミランの指導にあたっているセリーヌだったが、若く美しい彼女がその話をしている時、まわりを囲んだメンバーの女性たちはとてもうれしそうにうなずきあい、笑いあっていた。その後彼女たちは——マヒラ・ミランは女性組織だ——交渉するすべを学び、市当局に対して、壊すときは前もって通告するように、などの要求をするようになっていったのだ。

セリーヌ。日本に来たとき彼女は、きれいなサリーとジーンズを着分けていて、現代的な彼女もとても素敵だった。しゃぶしゃぶを喜んで食べた。

スラムの住民にとって、市当

ボンベイのスラム。通りの両側に勝手に家を建てて済んでいる。

局と交渉するというのは、今の日本でも想像できないことはないが、おそろしく大変なことらしい。

カースト制によって身分が固定されているインドで、身分の低い貧乏人は、ほとんど存在しないに等しい。実際、NGOや学生がボランティアとして人口調査に参加するまでは、ボンベイの人口はずっと少なかったのだそうで、文字通り見えない人々だったのだ。

その彼女たちが市当局に交渉に行くまでには、何度も何度もトレーニングを行い、みんなの前で話をしてみて、それでも初めて交渉に行くときにはみんな決死の覚悟だった。

「その時の様子は今でもよく覚えてるわ。私たちが乗り込んで行った時から、市役所の役人たちはみんな呆然。ここにいるナウィタが話し始めたらもうみんな固まっちゃって、目を丸くして見ていた。スラムの住人がしゃべったというだけで信じられなかったみたい。それから大騒ぎになって、最後は助役までがやってきて、私たちの言うことをじーっと聞いてくれたの。とにかく見ものだったわ。」

ハウジング・プロジェクトで建った家。

交渉は成功だった。市当局としても、声を挙げ始めた人々までは声は無視できても、声なき声は無視はできない。市当局は、貧しい人々に対してきちんとした施策を行うことを約束した。

今では、マヒラ・ミランのメンバーは、スラム住民組織の先輩格として、世界各地に招かれて話をしたりしている。僕が行った時には、何人かの女性たちが南アフリカのNGOに招かれて話にいき、帰ってきたばかりだった。——南アフリカの住民たちに私たちの経験を話したの、自分たちもやれると分かった、やってみるって、とても興奮していたわ。

その後の交渉の中で、マヒラ・ミランは当局に、住民たちに住む土地を提供することを約束させた。場所は女性たちが土地探しピクニックをして見つけてきたという場所だ。町の中心部からはかなり離れているが、自分たちで建てる

その家の内部も見せてもらった。きれいに片づいている。住人はとても誇らしげだった。

ならば家を建ててもいい、という許可ももらった。しかしながら、家を建てるにはお金がいる。そこで、家を手に入れるための貯蓄、ハウジング・バンクを始めたというわけだ。

その住民たちの貯蓄方法はこうだ。

この地域の住民をそれぞれ十数人ずつの十のグループに分け、グループごとに一つの箱をつくる。貯蓄額は一人一日一ルピー以上、女たちは買い物をしたあと、回り持ちの箱管理係の家に行って、残りの小銭を入れていく。この箱がコミュニケーションのシンボルともなっているようで、箱の回りに集まっておしゃべりするのが楽しい、と聞かされた。

その箱は毎日マヒラ・ミランの事務所に運ばれ、記帳係が個人別の貯蓄高を記入していく。貯蓄高は週単位、月単位で集計され、各グループの月ごとの数字は表にして張り出されるから、競い合って貯蓄することにもなる。

レンガづくりの、住民たちが自らプランを出して設計した家は、一軒一万八千ルピーでつくれる。貯蓄目標は現在千ルピーに設定されていて、一日一ルピーでは十年以上かかる計算になるが、臨時収入を多めに入れて四年かからずに貯めた人がすでにいて、僕が見た時にはその第一期の家が十数軒並んでいた。

スラムの生活

ところで、スラムの生活はどんなものなのだろうか。

「朝食は紅茶にパン、昼食と夕食はライスとカレー。いつも同じだ。チキンやマトンが月に数回食べられるぐらいかな。そんな日は家族中が朝からなんだかうきうきしてるんだ。」

「仕事は大変さ。ビルの建設工事で働いている。新しいオフィス地域での仕事だ。すごく遠いわけじゃないのだけれど、ここからだと町を横断していくことになるから、バスで渋滞の中を通り抜けるだけで毎日三時間かかる。朝四時に起きて、夜十二時に帰ってくる。でも、ここの住民は仕事がない人の方が圧倒的に多いんだから、あるだけ幸せだ。」

「月に一回映画に行くのが楽しみだ。映画館が多いだろう？　インド人はみんな、映画が好きなんだ。昔はこのあたりでもよく野外で映画をやっていたが、最近は屋内の映画館ができたから、今では

フィリピン・ナボタス地区のスラム。土地がないので、次々と海上にせり出していく。ゴミはそこに捨て、トイレもそのまま流し、子どもはそこで泳いで遊ぶ。

ほとんどない。屋内の映画館の方がいいね。野外の時は、機械が壊れたりフィルムが切れたりで、直してる時間の方が長いくらいだった。」

ボンベイのもうひとつの住民組織、全国スラム住民協議会ＮＳＤＦという組織の代表、ジョキンさんに聞いた話だ。ＮＳＤＦは、十万人を組織しているという大きな組織で、そこの代表だからさぞかし大変だろうと思うが、割と無口なジョキンさんが話してくれた毎日の暮らしは、思った以上に普通の勤め人の生活だった。意外な感じもしたけれど、考えてみれば当然で、スラムにだって普通の生活はある。というよりも、本当は普通の生活があり、しかし住む場所がきちんと確保できないのがスラムなのだ。

もちろん、仕事があるのはラッキーなわけで、見ている限り、仕事のなさそうな人々の方

ボンベイ、スラムの一本隣の通り。売春婦が客を待っている。観光客相手が中心のタイやフィリピンなどと違い、インドの場合、客のほとんどはインド人だ。

がずっと多い。そうした人々は、元手があるならばどこかで煙草を一箱買い、バラにして一本一本売り歩く。金もなければ、交差点に止まった車の窓ガラスを拭いて、チップをもらう。あるいはおちているビニール袋を集めて洗って売る。売春も選択肢の中に入ってくるだろう。生きていくためには、なにかしなくてはならない。飢え死にするよりは、血や内臓を売る方がまだいいだろう。つかまったり殺されたりする可能性があったとしても、うまくいくかもしれない犯罪に手を染めるしかない状況というのも確かにある。

そのスラムでもっとも苦労しながら生活しているのは女性。インドでも女性は、どちらかといえば家にいることが長くなるから、その分つらいことも多く感じる。

トイレがない。これは、都市スラム共通の

大きな問題だ。町中だから、そこらでしてしまうわけにもいかないが、かといってしないわけにもいかない。だから、体には悪いだろうが、夜まで我慢して、暗くなってから草の生えた空き地に行っておしっこをする。無防備な状態だから、レイプの怖れもあり、おしっこはするのもしないのも大変というわけだ。

朝、スラム近くの空き地を通りかかると、ユーモラスな光景を目にすることができる。一定の間隔をおいて、手を洗うための水を入れた縦長の瓶を持って男たちがこちらを向いてしゃがみ込んでいる。大便のためだ。目が合うとちょっと困ったような顔をしながら首を振ってくれるのだが——インドでは一般的に、イエスは横に首を揺らす——、のんびりしたいい光景と言えなくもない。ただ、僕の感覚からするとむしろ、後ろ向きにしゃがみたい感じなのだが。

しかしそうしたところで女性は見たことがない。とにかく明るいうちは用は足さない、ということなのだろう。それが女性のたしなみなのだ。

体を洗うのも同じで、スラムではどこでも、半裸になって石けんの泡を一杯にたてながら楽しげに水浴している男たちの姿が見られるのだが、女性はそうはいかない。服を着たまま少しずつ体を洗っていくのがせいぜいだ。

そういえば、イギリスの参加型開発の大家ポール・チェンバース氏は、来日して講演した際に、バングラデシュの都市スラムの女性が一番必要としているものを会場に集まった三百人ほどの日本の開発専門家たちにあてさせていたが、意外なほどに当たらなかった。雇用、平和な生活、居住環境の改

家の前で体を洗う。子どもならこれもいいのだけれど……。ボンベイのスラム。

善、子どもの教育などがあげられていたけれど全部はずれ。これは、現地の人の意見をきちんと認識するのがいかに難しく、また大切なことかという例としてあげられていたのだけれど、日本での僕らの生活からそうしたものを想像するのは、専門家であるはずの人にとってもそれだけ難しいことなのだ。

答えは①安全な水、②人に見られずに体が洗える場所、③ダウリー（結婚に際して求められる持参金）制度の公的な禁止、だそうだ。女性にとって、トイレがない、体が洗えないというのは非常に切実な問題なのだ。

フィリピンの都市スラムも事情は同じだ。トイレがない。海沿いに張り出した、昔の海の家のような家ならば、そのまま下にしてしまえばいいのだが――そこで子どもたちは屈託なく遊んでいるが――、道路沿いや線路沿いに掘っ建

＊ダウリー

ダウリーというのは、娘が嫁ぐ時に持たせる準備金で、日本の結納のちょうど逆だ。かなり古い習慣のようだが、特に北インドからパキスタンに多く、インドの場合中流家庭で五〜十万ルピー、月収の二十倍から五十倍にも達するという。これがないために結婚できない、という事例も多く、法律的にはインドでは一九六一年に廃止されている〔**『もっと知りたいインドⅡ』**臼田雅之・押川文子・小谷汪之、弘文堂〕。しかし実際には今でもごく普通に行われていて、ダウリーが少ないという理由で花嫁が焼き殺されるという事件も跡を絶たない。ダウリーを受け取っては花嫁を殺し、また再婚するという手口で金を稼いでいた親子の事件が、最近も報道されていた。それどころか、労働力にならずダウリーがかかるばかり、という理由で女児が殺されるという事実もあるそうで、二〇〇一年四月二一日の『朝日新聞』夕刊によれば、南インドのある地域では生まれてくる女の赤ちゃんの七%が、母親が乳首に毒薬を塗って含ませるなどで殺されてしまうのだそうだ。

インディラ・ガンジー首相もかつて、これに対し禁止の声明を出した。ところが、当の自分の家で使っていたメイドが「息子を持つ家はそれをあてにしている、ダウリーが禁止されたら息子が結婚できなくなる」と訴えてでるという騒ぎになり、そのままうやむやになってしまったという〔**『インド・宗教紛争とカースト社会』**丸山庸雄、梨の木舎〕。

カースト制も同じだが、法律的な禁止と実際の習慣には大きな隔たりがあるようだ。もっとも、日本でも、売春や賭博などは法律と実際の食い違いが大きく、同じようなものかもしれない。更に言えば、憲法九条も、習慣ではないけれども、法律が本来定めるところと現状が食い違っているという意味では似たところがある。

フィリピン・ナボタス地区。かつては相当治安が悪かったが、今はそれほどではない。とはいえ、観光客がふらふらと迷い込むのは厳禁。

て小屋を立てたようなスクウォッター・エリアと呼ばれる地域だと、やはり問題だ。

そして、飲み水がない。公共水道はまず使えないから、あぶなっかしい井戸の水を使うか、でなければ買うしかない。大きなプラスチックのボトルを自転車で運ぶ姿にあちこちでお目にかかるが、同じスラムの住人で、ボトルと自転車を買う余裕をつくった人だけができる仕事だ。

その人たちもまた、水をどこかで買ってくるらしい。かつては無料だったはずの水が今ではお金を出さないと手に入らなくなっている、というのはとても奇妙なことだが、それが近代化であり、都市化ということなのだろう。

スラムも、行ってみると意外に楽しそうではある。子どもたちはどんなものでもおもちゃにして、たくましく遊んでいる。手作りのビリヤード台やカードゲームで遊んでいる若者たちがいたり、おしゃべりに夢中の女性たちがいたりする。あちこちから興味津々の目がのぞき、日本の都会の無関心さに慣れた僕らには、暖かいところとさえ見えてしまう。用便や散乱したゴミの臭いはひどいが、こんなところでも日本人学生たちは、肯定的にとらえたりする。しかし問題は山積みだ。これでいいとは、やはり言えない。

chap. 8　ボランティアか仕事か

ボランティアとしての住民組織

時々不思議に思うのだけれど、住民組織の役員たちというのは、ほとんどがみな、いわゆるボランティアだ。日本で考えると、ボランティアというのはある程度の金銭的・時間的余裕がないとなりたたないと思うのだけれど、「途上国」でこうした、自分の生活を犠牲にしてでもみんなの役にたつことをやる、という人たちにたくさん出会う。貧しい人々は、同じように貧しい人たちに対する想像力が働く、ということかもしれない。

「草の根援助運動」がフォーラムのゲストとして招聘したオランダのNGO「ノヴィブ」のスタッフ、ウォルツハウゼン氏が、こんなことを言っていた。『ノヴィブ』は国内のあちこちでチャリティ

ウォルツハウゼン氏。93年逗子市で開かれたシンポジウムのパーティ。逗子の住民団体が主催したユニークなシンポだった。右隣は沢逗子市長（当時）。

オークションをして資金を集めるのだが、寄付してくれるのは、大金持ちと貧しい人たちで、中産階級は出してくれない。大金持ちは、どれだけ犠牲的に出すかということがステータスなので、何年も大事に使ってきたダイヤのアクセサリーなどを出品してくれる。貧しい人も、自分の持っている二つのうちの一つ、などという大事なものを出してくれる。無関心なのが中産階級の人で、自分たちのこと以外は関心がなくて、なにもしようとはしない。」

ＮＧＯというのは、しばしばボランティアと混同されたりするけれど、世界的に考えれば完全に職種の一つだ。ボランティア的要素は強いにしても、途上国では大学卒の重要な就職先の一つになっている。

それに対して住民組織——ＰＯ（People's organization）とかＣＢＯ（Community Based Organization）と呼ばれる——はボランティアだ。交通費実費ぐらいはともかくとして、給与が出ることはほとんどない。

僕たちがフィリピンのヌエバエシハ州で展開しているプ

ボティカ。住民たちのいこいの場所ともなっている。おしゃべりも重要な情報交換だ。前には薬草が植えられている。

ロジェクトに、小規模薬局プロジェクトがある。これは、薬の買い置きができない貧しい村人に安く薬を提供し、ついでにたとえば学校の保健室のように簡単な救急医療や知識の普及ができるようにした小規模薬局、ボティカをあちこちにつくるものだ。

薬は市販の半分以下の値段で仕入れるルートがあるから、半額で売っても多少の利益は出る。ボティカとなる小屋の建設費と、当初置く薬類を購入する費用を僕たちが提供できれば、あとは住民組織が自ら運営することができる。人件費がいらないからだ。

当初僕たちは、これは無理だと判断した。薬局兼保健室としては、緊急の場合に閉まっていては意味がない。しかし薬はそれなりに高価だから、無人というわけにもいかない。誰が店番をするのか？ 小さな村にこんな薬局を置いて、

ボティカの内部。こうして住民たちに保健衛生情報を知らせる。真ん中が家族計画、左側が目のケア、間に下がっているパンフレットは、性感染症 STD についてのものだ。

赤字になって毎年資金を送らなければならなくなるのではないか？

ところが実際には、どこの村でも住民の保健委員たちが、無償で交代で詰め、立派にボティカを運営している。店は朝八時から夕方六時まで開いている。そこに毎日、誰かしらが薬や知識を求めてやってくる。ボティカの回りには伝統的な薬草を植えてあり、その使い方について知らせるのもその保健委員の役目だ。

売上げは一日に百ペソ程度。店番の給与を払ったら成り立たないが、無給だからやっていける。

貧しい彼ら・彼女らが、どうして無給でそれをやる気になるのか、僕は何とか答えを引き出そうとしたのだけれど、結局分からなかった。「誰かがいないといけないから」「病気になったら必要だから」という当然の答えしか返ってこない。

しかし、それは実は、僕たちの「草の根援助運動」についても同じことが言える。小さな組織だから、給与を受けているのは、専従の事務局一名のみ。あとは、代表も、事務局長である僕も、その他の運営委員もすべて自腹だ。それは決して誇れることではなくて、むしろきちんと仕事として継続できる体制をつくりたいと思ってはいるのだけれど、それはそれとして、僕たちは無給どころか年間運営費一万円を払い、交通費も自分で払って参加している。

なぜか、と聞かれると多くの運営委員は「面白いから」と答えるのだが、そしてそれはウソではないのだが、もっと僕の好きな答えがある。

一九八〇年代、アメリカで大ヒットし、日本でも一時放映された「マイアミ・バイス」というテレビドラマがある。最近ではケビン・コスナーの「ティン・カップ」などに出演しているドン・ジョンソン扮するソニー・クロケット刑事が、マイアミを舞台に活躍するドラマだ。リゾートであるマイアミで気楽なライフスタイルを楽しむソニーは、Tシャツに白いジャケットと綿パン、そして裸足にデッキシューズ。なんとワニと一緒にマリーナのヨットに住んでいる。それでいて優秀な刑事だ。僕の大好きなドラマだった。

そのシリーズも終わりの頃。ソニーは、ともに刑事として働いていた同僚が、麻薬取引に手を出し、マフィアと組んで儲けていることを見つけてしまった。長い苦しい捜査の末、ついにその犯人を追いつめたときのシーン。犯人が言う。

「二度の人生、楽して生きようじゃないか。ソニー、考えてみろよ。刑事の給料の何十倍もの金が、右から左で儲けられるんだぜ。一体なんのために、刑事なんてつまらない仕事を続けてるんだ。なぜなんだ。」

それに対する、ソニーのセリフ。

「言ってもどうせおまえは信じないだろうよ。」

実にかっこよかった。ああでなくちゃいけない、と思った。密かに心に秘めた行動の芯と、気楽で楽しげないつもの風情。

だから僕も、敢えて口にはしない。でも、僕だけではなく、こうした活動に関わっている人たちは一般に、同じような思いはあると思う。空回りしている場合も多いけれど。

オゲゲ

フィリピンのNGO「PRRM」の窓口として特に僕らと関わりが深い、バージニア・パギオ、通称オゲゲ。フィリピンでも誰もが笑ってしまう通称で、本人も最初は嫌いだったというのだが、定着してしまった。日本でも結局、みんなにそう呼ばれている。

僕たちがツアーを組んだときにはいつも彼女が面倒をみてくれるので、のべ数百人の日本人と会ってきたことになる。小柄でかわいらしく見えるが、その実意志の人で、高校時代、クラスメートの処

オゲゲ。2001 年のかながわ開発教育セミナーにて。

分問題で自身が退学寸前になるまで先生たちと対立してがんばったという経歴を持つ。

その彼女が、数年前こう言った。

「私はお金をもうける側に移ることにした。この十年、こちら側で仕事をしてきたけど、もう充分やったと思うの。」

彼女は、ＰＲＲＭの多くのスタッフと同じく、八六年のピープルズ・パワー第一期の時にストリートに出て燃え、そのままＰＲＲＭの再建に参加した。コミュニティ・オーガナイザーとしてスラムに通い、カラバルゾンにからんだプロジェクトでは、自分の担当してきたコミュニティのリーダーが目の前で射殺されるという経験もしてきた。それでもいつも明確に、人々の側に立つ、というＮＧＯの理念を実践してきた女性だ。

六年前に結婚しているが、同じＰＲＲＭのスタッフで、彼は地方支部長になっているため、ずっと週末だけしか会えない状態が続いている。子どもができても育てようがないと、生まれないように注意深くコントロールしている彼女も、とても若く見えるけれど四十歳をいくつも超えている。

＊ＰＲＲＭ（フィリピン農村再建運動）

Philippine Rural Reconstruction Movement. 一九五二年創立の、総合的農漁村開発を支援するＮＧＯ。マルコス政権の戒厳令下には活動停止を余儀なくされていたが、八六年のアキノ政権誕生とともに、それまで地下で反対活動を続けてきたオラシオ・モラレス（のちエストラダ政権の農地改革庁長官に就任）が代表になって実質的な再スタートを切り、フィリピンの代表的なＮＧＯとなった。一時は六百人ほどのスタッフを抱えていた（現在は二百五十人ほど）。その活動は二十州五百ヶ村で行われ、持続可能な総合開発を中心的な柱として、保健衛生、農漁業、教育、環境などさまざまな分野に及ぶ。

「草の根援助運動」は小さなドナーに過ぎず、オランダのノヴィブ、ドイツのジャーマン・アグロ・アクションなどヨーロッパの大型ＮＧＯ、世界保健機構ＷＨＯ、国連開発計画ＵＮＤＰなどの支援を受けている。開発援助のみならず、政策提言・研究活動、開発教育活動などにも力を発揮しており、九六年には雑誌『ASIAWEEK』でアジアの代表的ＮＧＯとしても紹介された、リーダー的存在でもある。

弱点は資金面で、独自の資金源が少なく、予算の九割を外からの支援でまかなっているために安定した運営が出来ていないことだ。ツアー部門をエコツアー事業部として独立させたり、フェアトレードを事業化させたりという模索が進んでいるが、今のところ、本体を支えるにはほど遠い。スタッフが一時と比べて半減しているのはそのせいで、北のＮＧＯからの支援が次々と打ち切られたために台所事情は苦しい。また、八六年当時から働き始めた現場スタッフが高齢化し始めているという問題もあり、現在創立五十周年に向けた総合的な改革プランを検討中である。

＊ピープルズ・パワー

司法試験をトップで通ったとか、元ミスフィリピンの美人の奥さんがいるとかの輝かしいイメージがあったマルコス大統領の、初期の政策はまちがいではなかった、と言う人はフィリピン人にも多い。それまでの経済構造のアンバランスを打破しようとした、旧来の財閥を解体した、などの功績はあるようだ。しかし七二年の戒厳令による独裁体制前後からの腐敗ぶりはひどいもので、その時期に拷問その他で迫害を受けた人は一万人に及ぶ（ＰＲＭの元代表オラシオ・モラレス、副代表イサガニ・セラノもその一人だ）。

それに対する不満がついに爆発したのが、八六年のピープルズ・パワー革命、別名エドサ革命だった。当時日本では、始まったばかりの

ニュース番組のキャスターたちがリアルタイムで次々とその状況を報道し、新しいメディアの流れを印象づけたものだ。ただし、それが反マルコス派の側からばかりだったため、正義のアキノ対悪のマルコスという対立構図が印象づけられた。アキノ政権になって民主化に弾みがついたのは確かだが、農地改革、貧困対策といった面ではアキノ時代にもほとんど進展がなかったのも事実だ。アキノ家はフィリピンの土地の九割を握るといわれる二百家族のうちのひとつで、土地持ち金持ちの資産家だから、農地改革が積極的に進められなかったのももっともだ。一方日本のメディアで見る限り悪の権化のようであったマルコスは庶民には意外に人気が高く、子どもたちは県知事や市長になっているし、一時はイメルダ夫人の大統領選への出馬さえうわさされたほどだった。

しかし、フィリピンのピープルズ・パワーは

力強く、九〇年に建設中だった唯一の原発（資金は日本のＯＤＡ）の放棄が決定されたのも、ピナツボ噴火が引き金となった駐留米軍基地すべての閉鎖も、各地で繰り返された反対デモの影響が大きい。ＰＲＭの現スタッフの多くは、そうしたピープルズ・パワーの申し子で、八六年のエドサ革命、その後パターンで繰り返し行われた反原発デモは、彼らにとって日本の全共闘世代のデモに通ずる共通体験だ。違うのは、日本では消えてしまったそのパワーが、フィリピンでは今も脈々と息づいていることだ。

八六年に人々が集まった通りの名前から名付けられたエドサ革命の名前も、反エストラダ大統領の機運が盛り上がり、多くの人々が通りに出てデモを繰り返した二〇〇一年、当時副大統領だったアロヨ現大統領らがそれを第二のエドサ革命と呼んだことで蘇った。ただし、エストラダの民衆人気をアロヨが自分に引き寄せようとして利用したという面もあり、これを八六年のピープルズ・パワーと同列に並べることには異論もある。賭博疑惑や女性問題など問題は大きかったが、エストラダ大統領が貧困層に対して手厚い政策を打ち出していたのは確かで、ＮＧＯや市民社会からの一定の支援もあった。同政権の農地改革省長官は「ＰＲＲＭ」の再建者であり「草の根援助運動」の師匠格でもあるオラシオ・モラレス氏で、次々と改革施策を打ち出していただけに、その点では残念だ。反エストラダの機運はどちらかといえば中産階級以上の中に強かった。

彼女の収入は、直接聞いたことはないのだけれど、月に三万円にはなっていないはずだ。社会学修士号まで持っている大学院卒としては、フィリピンでも高いとはとても言えない。彼女の同僚だったエモンは、ＰＲＲＭ代表の秘書をしていたが、民間の会社に移り、社長秘書として働くようになった。仕事は忙しいけれど、給料は二倍以上になった、とある時スーツ姿で現れた彼女は笑っていた。いかにもばりばりのキャリアウーマン風で、マニラの高級ビジネス街マカティ地区で、肩で風を切っている風情だった。

ＮＧＯが大学の主要な就職先の一つになっているというのは確かだけれど、その労働条件は必ずしもいいとは言えない。開発ＮＧＯはその第一の目的が住民支援だから、利益が出てもその分給与を上げるというわけにはなかなかいかず、結果的には給与水準は低く抑えられてしまう。昇給というのはさらに難しくて、いくつになっても給与水準はあがらない。

「草の根援助運動」が日本での講演会に招待したとき、彼女は、夫のジミーと一緒にやるためのフライフィッシング用の釣り竿を欲しがっていた。一緒に釣具店を回り、ディスカウントショップにも行って、結局買ったのはプラスチック製のおもちゃのような千円のセットだった。そんな彼女が「お金を儲ける」と言い出すのもある意味では当然のことだろう。

ただ、結局彼女はそれを実行に移すことはなく、今もＰＲＲＭで働いている。優秀なオーガナイザーとして、トレーナーとして、ツアー全般のコーディネーターとして。僕にとってはうれしいことだけれど、そしてＰＲＲＭにとってもいいことだけれど、彼女にはつらいこともあるのだろう。最近は、こんなことを言っていた。「日本語を勉強して、もっとしゃべれるようになったら、独立してエコツアーの会社をつくる！」

そんな彼女を、僕はもちろん批判できない。それどころか応援すべきなのかもしれない。彼女がやるエコツアー会社ならば、環境や住民の生活に配慮した、ディーセントなものになるのに決まっているから。

コミュニティ・オーガナイザーという仕事

同じくPRRMで開発教育部門を担当しているランディ・ダカナイも、コミュニティ・オーガナイザーからスタートした。

彼が最初に入ったのは小さな漁村だったが、初めてその村に入る前の晩は怖くて眠れなかったという。

「怖くて？」

「そうなんだ。ほんとに怖かったんだ。だって、僕はそれまで、そういう貧しいコミュニティに一度も足を踏み入れたことがなかったんだから。」

小学校から私立の学校で勉強した彼の家は、両親とも教師で、いわゆる中流家庭。とは言っても人口の七割が貧困層といわれるフィリピンでは、中流はごく少数で、イメージからいえば「上流」にずっと近い。

歌っているのがランディ。日本からのスタディツアーを歓迎するパーティで。ギターとコーラスもPRRMのスタッフ。

彼は高校時代にブラジルのスラムの写真を見たときのショックを、今でも覚えている、と言う。ゴミの山のようなところにたくさんの家が建っていて、その間でぼろぼろの服を着た子どもたちが遊んでいるという風景だった。こんな生活をしている人がほんとにいるのか、と思ったという。

「だって、フィリピンにだってスモーキー・マウンテンのような場所があるじゃないか。」

「そうなんだけど、僕は知らなかったんだ。その授業は、生徒みんなで、こうした人々に僕たちは何ができるのか、なんて話をするクラスだったから、貧困についてとか学んだんだけれど、それはみんな外国の話だと思ってたんだ。そういうスラムがこのフィリピンにもあるなんてことは、大学に入るまで知らなかったんだよ。」

にわかには信じがたい話だ。今では無くなったけれど、一時貧困の象徴のように言われたスモーキー・マウンテンを知らなかった？　マニラを一日歩いてみれば、そうした貧しいコミュニティはいくつも目にすることができる。路上で寝ている子どももいるし、物乞いの姿も目につく。中流家庭に育ったランディは、そうした状況を知らなかったというのだ。そんなことがあるのだろうか？

有名になり過ぎたスモーキー・マウンテンは取り払われたが、ここケソン市のパヤタスが同じ状況だ。2000 年夏には、大雨でそのゴミの山が崩れ、約 300 人が生き埋めになった。

しかし、そのランディと同じようなことを、僕は若くてはつらつとしたＰＲＭの保健衛生担当者エイディ医師からも聞いた。

彼女もまた、医大の三年生の時、ある貧しい山村を訪れる時まで、フィリピンにそんな貧しい地域があるということは知らなかった、と言ったのだ。ある時何かの機会に山村に行った彼女は、そこで何気なく、自分は医大生で医者になる勉強をしている、と話したのだという。その途端、何十人もの住民が看てくれと列をつくってしまった。何の道具もない、臨床なんてそれまでやったこともない彼女の慌てぶりが目に浮かぶ。「でも、あれで私の人生は変わってしまったの」、と彼女は笑って言った。「それまでは、アメリカへ行って儲けて、瀟洒な家を建てて生活をすることばかり考えていたんだけれど。」

*スモーキー・マウンテン

マニラ市トンド地区とリサール州ナボタスの境のゴミ捨て場に人々が住み着いたのが始まりで、一九五五年頃のこととされている。しばらくするとその人々はそのゴミを回収して生計を立てるようになった。スモーキー・マウンテンというのは、この地の膨大な量の都市ゴミが自然発火して煙を四六時中出していたことに由来するが、八〇年代にはこのゴミの山の上に約三千世帯が住むようになっており、フィリピンの都市スラムを代表する光景として知られるようになった。ここの子どもの八十%が栄養不良状態にあり、煙による呼吸器系疾患も多くてその生活は相当に苦しかった。〔**『フィリピン・インサイドレポート』**ローレン・レガルタ、めこん〕

そこでの生活の様子は、四ノ宮浩監督のドキュメンタリー映画**「忘れられたこどもたち――スカベンジャー」**で観ることができる。

このスモーキー・マウンテンは、都市スラムの象徴として好奇の目を向けられることも多く、日本のテレビドラマや映画でもしばしば舞台とされている。**『フィリッピーナを愛した男たち』**〔久田恵、文藝春秋〕を原作とした九二年の同名のテレビドラマ（フジテレビ）はそれなりの社会派的視点を持った作品だったが、スモーキー・マウンテンに住む人々の描き方は類型的で、貧しいフィリピン人というイメージを増幅する、と在日フィリピン人から抗議の声が上がったものだ。また、かの地で献身的に働く日本人医師の姿を描いた大森一樹監督の**「緊急呼出し／エマージェンシー・コール」**（九五年、日本ヘラルド）も、意図は良かったものの同じような視点から抜け出せなかった。

フィリピンの音楽シーンには、八〇年代後半から九〇年代前半にかけて同名の若手アイドルグループが登場、アルバムを三枚出しており、九一年には日本の紅白歌合戦にも登場している。貧困や経済的独立などを訴える社会派的歌詞が多く、英語の授業には利用しやすい。たとえば「Goodbye, King Philip」という歌は、四百年前、国名の由来でもあるフェリペⅡ世の時代にスペインが宗教を含めたさまざまな社会体制を押しつけてきたと歌い、アイデンティティを取り戻すためにフィリピンという名を捨てようとまで主張している。他にも日本語の英語の教科書にも採用されている「パライソ」などのヒット曲があり、フィリピン国内でもかなりヒットしたそうだが、スモーキー・マウンテンのイメージをうまく利用しているという点では日本のドラマと似たりよったりだったかもしれない。

現在このスモーキー・マウンテンは閉鎖され、近くに政府による仮設住宅が建てられているが、そこで生計を立てていた人々の多くはケソン市のパヤタスゴミ捨て場に移って、そこが第二のスモーキー・マウンテンと呼ばれる状態になっている。

二〇〇一年、四ノ宮浩監督はそこを舞台にドキュメンタリー第二作目**「神の子たち」**を撮影した。この作品は文部科学省選定、東京都知事推薦などになっている。スラムの現実を見事に描き出しているが、一作目と同じく、そもそもなぜこういう場所ができるのか、だからどうすればいいのか、というような視点が欠けているのが、NGO的にはいささか不満ではある。

前列中央がエイディ医師。日本からのツアー一行と記念写真。

高校時代のランディ・ダカナイは、当時のマルコス独裁政権に反対する活動に加わっていた。まだ十代半ばだったはずだが、すでに地下活動者としてのコードネームも持っていたという。そんな彼にして、フィリピンの貧しい人の本当の姿は目に入っていなかった。どうもそれは、途上国の「中流」の人々にとって、しばしば起きる現象らしい。

だから、初めて漁村に入ったときは大変だった。

「言葉も通じないいんだよ。」

タガログじゃなかったんだね。

「いや、タガログなんだ。だけど、なんていうかその、しゃべり方がまったく違って、言葉は同じなんだけど通じないいんだ。」

言語の問題ではなく、文化的な背景による言葉の違いというのがあるのだそうだ。日本でも、老人と渋谷系ギャルに会話をさせたら、と考えれば想像はつく。

そんな漁村に三ヶ月通い続けても、村人はほとんど話をしてくれない。意欲と義務感と、それに大きな挫折感に押しつぶされて動けなくなってきた頃にようやく突破口が見えてきた。村長が、あいつはウロウロと毎日なにをやっているんだ、連れてこい、と村人に命令を出し、村の要人たちの前で話をする機会を与えてくれたのだという。

「コミュニティ・オーガナイザーは普通、一番困っている人からアタックするんだけれど、上から攻める場合もある。フィリピンでは村長は民主的な選挙で選ばれるから、話の分かる人も多いんだ。その村の場合もそうだった。それから僕は酒を持ってその人のところに通うようになり、いろいろな人に話を聞いてもらえるようになって、ようやく組織化を進めることができたんだ。」

歩いて、現場を見て、人と話して、コミュニティ・オーガナイザーは鍛えられていく。

今ではランディは、そうした言葉の通じない人とコミュニケーションをとる達人だ。

数年前、日本に招いたときのある高校での彼は見事だった。一時間座らせておくだけでも至難の業、といわれる高校で、案の定話を聞こうとしない生徒たちを見て、彼は担当教員がつくっていたプランを急遽変更し、生徒たちと一緒に車座に座って話しかけたのだという。フィリピンの高校生はどんなようすか、日本の君たちは高校をどう思っているのか、というような話を、通訳を使ってだけれど、語りかけるように話した。面白かったよ、みんな興味津々で話を聞いてるんだ。生徒たちがすっかりランディファンになってしまったよ、というのはその担当教員に聞いた話だ。

日本のNGO

低い給与と高い志。これは、日本のNGOでも同じだ。

僕は勝手に、開発NGOを、既成宗教系NGO、新興宗教系NGO、占い師系NGO、それに最近急成長した新々宗教系NGO、と分類して考えている。これはとても誤解されやすい分類だからあまり公の場所では言えないのだけれど、宗教で分類しているわけではなく、「NGO業界」がちょうど日本の宗教界の状況に似ていると思ったので考えた分類だ。

既成宗教系NGOというのは、たとえば政治家や皇族を会長や名誉会長にしているようなところだ。繰り返すが、実際に宗教的バックがあるかどうかは関係がない。しかし、関係はないけれど、精神的なバックボーンとしてなんらかのポリシーを持っている場合はあるようだ。歴史的にも結構古くて——といってもNGO業界の歴史そのものが四十年弱ではあるが——三十年以上たっている。予算規模も大きい。かつて、NGOという呼ばれ方がなかったころから団体として活動しているから、社団法人や財団法人になっているものが多い。公的機関や自治体、企業にもがっちり食い込んでいて、ビジネスとして見てもきちんと成り立っている。すべてではないが、ヨーロッパの巨大NGOの日本支部などもここに分類できる。団体職員として一般的なレベルの給与は出ていて、プロといえば、プロ中のプロだ。

フィリピン・ブラカン州。川が重要な交通手段。その上を通る吊り橋。

それに対して新興宗教系ＮＧＯは、二十年以内の歴史のものがほとんどだ。なにかの事件や場所に集まった若者たちが自然発生的に援助活動を開始し、それが組織になった。そろそろ世代交代が始まっているけれど、創立者グループがほぼ現在の役員や代表を務めている。

ここの給与は、一般的に言って、高くはない。民間の会社あたりと比較すれば、初任給レベルがあまり上がらずに続いてしまう。かなり有名なところでも、えー、ほんと、と言いたくなるような条件だったりする。それでも続くのはスタッフの志が高いからで、プロなのだけれどどこかアマチュアの匂いが残っている。

僕は勝手に、「日本国際ボランティアセンター（ＪＶＣ）」と「シャンティ（旧「曹洞宗」）国際ボランティア会（ＳＶＡ）」それに「シャプラニール」を三大新興宗教系ＮＧＯと考えている。開発をめぐるセミナーなどに行くと、どこでもこの三つのＮＧＯのスタッフに出会う。組織的な柔軟さ、真面目さなど、どことなく若さを備えていて、新しい波だなあ、と感じる。ただし、僕はＮＧＯ研究者でもなく、それぞれの団体の実際の給与も知らない。あくまでも僕の独断だということをお断りしておく。

三つ目の占い師系というのは、○○村に学校を建てる会とか、○○ちゃんを助ける会、あるいはそれが少し成長してきた形のものだ。意外に古いものもあるけれど、グローバル宗教のような普遍性がないので、あまり大きくならない。有給スタッフを持っているものはほとんどなく、代表の自宅が事務所であるものも多い。「開発援助業界」で考える限りアマチュアだ。開発の目的とか手法とかに対する意識はそれほど高くない。アマチュアであるからこそできることもあるわけで、それをけなすつもりはないが、ＮＧＯというにはいささかためらいが残るレベルで、いわゆるボランティア組織のイメージだ。

最後の新々宗教系ＮＧＯというのは、この十年以内に設立され、急成長を遂げたＮＧＯだ。独特のノウハウで急成長してきた宗教「幸福の科学」のイメージで、ＮＧＯとしては外務省問題で一躍脚光を浴びた「ピース・ウィンズ・ジャパン」がその最右翼になる。

このグループの最大の特徴は、組織づくりがうまい、ということだ。それまでのＮＧＯにはなかったきちんとしたノウハウを採用し、設立数年で大型ＮＧＯになっている。企業社会とも一般の人々ともとてもうまくつきあっている。政府や外務省ともパイプを持っているので、ＯＤＡの資金援助なども豊富に受けていて、近い将来ヨーロッパの巨大NGOと肩を並べる存在になるかもしれない。

「NGO業界」は今、急速に成長している。僕のこの分類自体がいい加減な分類だから、これこれのNGOはどこに入るのか、などと聞かれても困るのだが、それなりの解説にはなっているのではないだろうか。

　そこで日本のNGOの問題だが、全般的にはまず、雇用条件の低さがあげられる。優秀な人材がもっともっと集まるべきだし、NGOで働きたい若者もかなり多いのだけれど、それをきちんと受け入れられる体制を持ったNGOはまだまだとても少ない。「草の根援助運動」にも毎年のように、就職したい、という連絡が入る。残念ながら「草の根援助運動」は専従一名体制だからどうしようもないのだが、一般的にNGOがそれを受け入れるだけの規模になかなかならないのだ。

　高い志と低い雇用条件。これをどうしていくかは、大きな課題だ。

　ところで、「草の根援助運動」は、四分類のどこに入るのか。自分を分類したくないと思うのは、心理学を学んでいる時に思ったことだ。自分の性格はこのマトリックスのこの位置になる……などと言われると、僕はちがう、と反発したく

インドネシア。バティク製品を作る住民組織の、販売担当の女性。「草の根援助運動」は、かつて作業所整備を支援し、現在は製品を買っている。

なる。
それだから、というわけでもないのだが、「草の根援助運動」はそのどこにも入れにくい。既成宗教系では絶対にないのだが、新興宗教系や新々宗教系と言うには、規模がちょっと小さい。かといって占い師系よりは、給料こそもらっていないものの、気持ちの上でははるかにプロだ。

92年の「草の根援助運動」主催のシンポジウム。シンポジストにそうそうたるメンバーが並んでいる。僕は後ろの列で通訳。

もともと「草の根援助運動」は、創立者である北沢洋子氏が、「できるだけ小さな組織でできるだけ大きな援助を」、ということを目指して作ったという経緯があるので、援助額は増やしたいけれどもNGO組織としての拡大は避けようとしている。開発理念に関しては結構理論派で、どちらかというと足腰よりも頭の方がでかいタイプだ。援助も重視しているが、国内向けのいわゆる開発教育活動にも力を入れている。

NGOのイデオローグの一人、デビッド・コーテンという学者は、一九九〇年に出した『Getting to the 21st century』という本の中で、NGOの四世代論というのを唱えている。それによれば、NGOは四つに分類できる。救援福祉NGO、住民を組織するNGO、政策提言NGO、そして新しい開発の枠組みを提示するＮＧＯ、の四つだ。

救援福祉ＮＧＯというのは、緊急事態に現場に入り、ＮＧＯが主体となって援助を行うもの。第二世代の住民を組織するＮＧＯは、コミュニティ開発に重点を置いて、地域の人々に参加してもらいながら開発援助を行っていくもの。政策提言ＮＧＯというのは、さらに地方自治体などとも積極的に関わりをつくり、十年、二十年というスパンで政策面にまで加わった活動をしていくもの。

最初の版ではこの第三世代ＮＧＯまでの分類だったらしいのだが、現在の版にはこれに、第四世代の、新しい枠組みを提示するＮＧＯが加わっている。この章はもともとＰＲＲＭに触発されて書かれたものらしく、ＰＲＲＭ副代表イサガニ・セラノの次のような言葉が紹介されている。

ギターの弾き語りをするガーニー。ジョン・レノンの「イマジン」を歌った。95年シンポ後の交流会で。

「開発の理論家と実践者は、相互依存システムの構成要素を単に補修をするだけの仕事でなく、そこから出発してしかもそれを超えるものを考える必要がある。」

つまり、ＮＧＯは現実のセーフティネットではなく、新たな枠組みを示す必要がある、ということだ。

イサガニ・セラノ、通称ガーニーは、「草の根援助運動」にはなじみ深い人物で、シンポジウムで日本に呼んだこともあるし、フィリピンに行ったときには泊めてもらったりもする。マルコス政権時代地下活動の闘士だった彼は、おしゃれなプレーボーイであり（本人によれば自由恋愛の実践者だということだけれど）、詩人でシンガーで、開発理論のリーダーでもある。

「草の根援助運動」はその設立段階から、そのガーニーと、盟友でＰＲＲＭ再建者のオラシオ・モラレス元代表の直接の影響を受けている。

これでいけば「草の根援助運動」は第四世代ＮＧＯだ、と言ってみたい気持ちはある。

chap. 9 本当に必要な援助はなんなのか

一番貧しい人には援助できない

前述のＰ２ユースが迷っていたことは、実はもう一つあった。

ユースメンバーでフィリピンツアーに参加した、大学一年生のＨＦさんは、ニュースレターに次のように書いた。

「私たちが話し合いの中で常につっかかっていたのは、『優先されなかった援助』の存在だった。世界には、明日食べるものがあるのか、明日生きていられるのかを日々考えながら生活している人たちがいる。その人たちを救うための援助は途方もなく金がかかり継続できない上に、彼らが必ずしも自助自立可能な段階にいるわけではない。」

ツアーの学生たち。船でしか行けない、カビテ州の村に着く。帰りにはスコールにつかまって、びしょ濡れになった。

「個人的な話だが、私は文明化が進むことに対してとても懐疑的だ。人間の深化と社会の進化は反比例しているようにすら思われる。こんな状態だから、持続可能な援助に両手をあげて賛成できずにいた。その点、後者の言ってみれば持続不可能な援助は『人間らしい生活すらできていない人たちをまずは救うべきだ』という義務感に近い初心がしっかり直結していた。」

一番貧しい人々に対する援助というのは、実はとてもむずかしい。きょうの食べ物がない人々にそれを与えることはできるけれど、明日はどうするか。明日も与えたとしたら、あさってはどうするか。その人たちが何もせず待っていたら十年たっても同じことの繰り返しだけれど、「がんばらないならもうあげない」と言い出した時点で、一番貧しい層に対する援助は終了してしまう。

小規模金融はその最たるものだ。お金を貸すのだから、返すことが前提になる。返せないとなると大変で、グラミン銀行ではグループの連帯責任になる。僕が見てきた小規模金融のもう一つの例、インドの北西部・グジャラートの貧しい村で進めていたプログラムでは、一週間遅れると利子が一ルピーずつ上乗せされていた。それでも返せない場合も当然あるわけだが、そうした層はもう融資が受けられない。結果的には、やる気があり、その能力もある人たちだけが融資を受けられるというシステムなのだ。

夜、店の前で、サンパギータ（ジャスミン）の首飾りを売る子どもたち。マニラで。

コーテンのNGO四世代論の第一世代から始まったNGOは多い。「先進国」側最大級のNGOである「オクスファム」は、東欧の飢餓救援から始まっている。日本の「日本ネグロスキャンペーン委員会」は八〇年代に世界的な脚光を浴びたフィリピン・ネグロス島の飢餓支援に集まった日本人たちが立ち上げた。

問題はそうした援助は効率が悪く、NGOにとっては負担が大きいということだ。噴火した火山のふもとに食料を届けるのには、トラックを借り、運転し、泥流をくぐり抜け、最後は人手で運ばなくてはならない。十のものを届けるのに九十のものが必要になるのは仕方がないことなのだ

ネグロス島の子どもたち。僕は行ったことがない。他の何枚かの写真と同じく、「草の根援助運動」の山中悦子さんの撮影。

が、一方援助したい人にとっては、自分の寄付した百円のうち届いたのは十円でした、などと言われると我慢がならないということにもなる。資金的にも人的にも、相当の体力のあるＮＧＯでないと行えない。そしてまた、ニュースになった数週間は寄付が集まっても、それ以降は激減する。

だから、特にヨーロッパのＮＧＯなどは展開も早ければ撤収も早い。緊急時の支援は一ヶ月だけ、というような動き方をする。なまじ現場に深入りすると、引っ込みがつかなくなるからだ。あるいは、緊急援助態勢が終わったら、住民たちが自分でやっていく別の体制を整える。第二世代のＮＧＯに変身するわけだ。日本のＮＧＯはこの撤収態勢がへたで、ずるずるといついてしまうことがある、と言われているが、ビジネスライクに徹することができない優しさが、自分たちを縛ってしまうこともある。

Ｐ２はだから、自分たちの能力の限界として、緊急援助は原則としてやらないことにしている。原則としてというのは、今プロジェクトを行っている場所で災害が起きた場

同じくネグロスの子どもたち。

合にはその復旧を優先とせざるを得ないからで、九九年のインド・オリッサのサイクロン被害や、二〇〇二年のジャカルタ水害に際しては、現地ＮＧＯの緊急活動を支援する形で緊急援助的なことをしたこともある。また、他の団体を支援する形での緊急援助などは行うこともある。理屈はどうあれ、困っている人が見えてしまうとむげに放っておくわけにもいかないものだ。

それにしても、一番貧しい人への援助というのは、難しい。

緊急援助と持続可能な援助

二〇〇〇年冬、さまざまな疑問を吹っ切って、Ｐ２ユースの学生たちが「マニラ湾環境回復キャンペーン」というのを始めた。これは、フィリピン・マニラ湾の、水産資源確保を無視した漁法によって激減してしまった魚資源を回復し、水質汚染を防止・回復する一連のプロジェクトに対

江ノ島で、オリジナルソングを歌いながら募金活動。すべて学生たちが独自に計画し、実行する。

する日本からの支援となる。なぜフィリピンなのか、なぜこのプロジェクトなのか、延々と議論をしたのちに始めたキャンペーンで、数十人の学生が加わって活動している。

ところが、労組にその説明をしに行った学生たちは、ちょうど報道されていたインド・グジャラートの地震被害者の方を先に助けろ、と言われてしょんぼりと帰ってきた。そう言われると何も言えなくて、と困り顔で帰ってきた学生たちは、またもとの議論の場所に戻ってしまったことになる。

緊急援助も大事だが、継続的な援助も大事だ。援助というのは派手なものばかりではなく、継続することこそ必要なこともある。僕たちは、責任ある援助として、この継続的なプロジェクトを進めている。学生たちはそう言うべきだったのだ。

これと似たことはしかし、実は僕たちも経験した。一九九五年、神戸の震災が起きた直後のことだ。P2では当時、バレンタインデーにあわせてバレンタインキャンペーンというものを行っていた。義理チョコをやめて援助を、一ドルから始める援助、などというキャッチフレーズをつくって資金を集め、バングラデシュ、タイなどで行ういくつかのプロジェクトを支援することになっていた。バブル最終期の当時は義理チョコも、それに対する疑問も最高潮で、バレンタインキャンペーンはかなりの注目を浴びて寄付を集めていた。

ところが、一月一五日、震災が発生。二月初めに行ったチャリティコンサートでは、僕たちが募金箱を向けると、神戸が先だろう、と言う人が多くて、やむなく僕たちは集まった額の半分を神戸に、あとの半分を僕らのプロジェクトに、という方針に変えざるを得なかった。結果的に、予定していた額が集まらず、いくつかのプロジェクト支援を中止した。

あれが正しかったのか、僕は今でも疑問を持っている。神戸が先なのではない、神戸も、他の地域も支援するべきだったのだ。受け取った額を半分にするのではなくて、募金箱を二つ置くべきだったのだ。

どこの誰がより大事かなどということは決められない。僕たちは目先の事件だけにとらわれているわけにはいかない。苦しんでいる人は、どこでも苦しんでいる。継続的な支援というのは、必要なのだ。

緊急支援と継続支援

マニラの北西にあるピナツボ火山は、一九九一年に、雲仙普賢岳の五百倍という規模の噴火を起こした。被災者百万人と言われるこの噴火でもっとも被害を被ったのは、ピナツボ山麓に住んでいたアエタと呼ばれる人々だった。

このアエタも、フィリピン先住民だ。イフガオのイゴロットとはちがって、ネグリートと呼ばれる人々で、背は低く、髪は黒くて縮れている。高校生にフィリピン人のイメージを聞くと、意外に多くの生徒が「黒くて髪が縮れている」と言うのだけれど、アエタはそのイメージに近いかもしれない。ついでにいうと、一番あとから来た人々である一般の低地人の髪は、日本人と同じようなストレートだ。アエタはもともとは狩猟民族だったという。その後、開発等によって生活圏が狭まると、山の中を転々と移動しながら焼畑を行い、小型の弓で小動物を狩るという生活形態になった。いずれにしても、自給自足型の、低地の住民とは全く違う生活だ。その生活基盤が噴火によって崩れてしまったのだ。

噴火直後、いくつものNGOがすぐに救援に入った。まずは緊急支援だ。食料を運び、医者がかけつけて怪我をした者たちの治療をした。衣料や毛布、とりあえず住むための家をつくるビニールシートも送られた。

政府も動いた。数ヶ月のちには、アエタその他の人々のための再定住地を指定し、仮設住宅をつくっ

アエタの子どもたち。カメラを子どもに貸して撮ってもらったので、こんな映像になった。

たり、食料の配給なども行った。

問題はそのあとだった。どこの災害も同じだけれど、噴火から一年もたつと援助物資は減り、生活の維持が問題になってくる。アエタの人々は山に帰りたがったけれど、山は数メートルの火山灰に覆われていて、耕作も狩りもできない状態になっていた。人々がどうやって生計を立てていくか。どういう手段が考えられるか。

僕が九三年、ピナツボ山北側の再定住村の一つを訪ねたとき、NGOはさまざまなアイデアを出して試しているところだった。

火山灰の地面では、まともなものは耕作できない。比較的可能性があるのは豆類で、僕はあっちでもこっちでも、ピーナツをごちそうになることになった。普段日本で見るのと比べると半分にもならない、いかにも痩せたものだ。茹でたてを食べるのはそれなりにはおいしかったけれど、出荷して売る

*ピナツボ噴火

ピナツボ火山の噴火は二十世紀最大級の噴火だった。その噴煙柱は二十キロに達し、噴出物は六七億立方メートルで、半径六十キロの自然環境を一変させた。成層圏に達した火山灰により、日本でも日射量が一〜二割減るという現象が起こった。九三年の記録的冷夏はこの噴火が原因という説もある。

当時ＰＲＭは学生ボランティアを組織して緊急支援を行った。ボランティアたちは頭の上に食料その他を乗せ、片道四時間かけて、濁流を渡り、火山灰の積もった斜面を登って食料を運んだ。

この噴火による死者九三二人、家屋の全壊四万一九七九戸という数字は噴火規模に比べれば少ない方で、警報の発令と避難がうまく行われたからだという〔**『マニラ発　妻たちのピナトゥボ応援団』**明石書店〕。同書は現地でピナツボ噴火に遭遇した日本人駐在員の妻たちの組織「ピナＱ」による手探りの救援ボランティア体験記で、僕たちが失敗したコゴン草紙漉きなどのさまざまな取り組みが生き生きと描かれている。また、**『自然災害と国際協力』**〔津田守・田巻松雄、新評論〕は、ＯＤＡ、ＮＧＯを巻き込んださまざまな活動があったこと、にも関わらず現在「被災者」として暮らしている人が百五十万人いること、などを総合的に報告している。

噴火から数年後に訪れたパンパンガ州バクロア町では、二階まで家が埋もれてしまった土地に、人々は高床式の家を建てて住んでいた。新たな泥流を恐れてのことだという。その人々は、通行する車を止めては寄付を求めていた。見渡す限りの火山灰の中では生計手段などなきに等しく、生活は相当苦しいものだっただろう。現在ではそれなりに落ち着いているが、作物はピーナツ程度しか採れず、苦労しているようだ。妙に低い教会が、実は六メートル下まで元の建物がある、などと言われてそのすさまじさを想像してみるだけだ。

しかし、ピナツボ火山周辺に残留する火山灰は、現在もなお、雨が降るたびに泥流（ラハール）となって下流に押し寄せている。九六年にはフィリピン政府は日本のＯＤＡ資金で百億円以上をかけてメガダイクと呼ばれる大型ダムを建設したが、その年の夏のうちに一部が決壊し、思わしい成果を上げられなかった。

その火山灰が米軍のクラーク空軍基地の閉鎖を余儀なくさせ、それがフィリピンから米軍を追い出すきっかけにもなったのは皮肉である。

＊アエタ

フィリピン先住民は総称としてトライバル・フィリピーノと呼ばれ、その人数は分類の仕方によって百万人から四百万人ぐらいまで差がある。

トライバル・フィリピーノには、ルソン島に住むイゴロットの他に、同じくルソン島のカラバー、ミンドロ島のマンギャンなどがいる。アエタはそうした先住民のうちでも最初期の住民たちと考えられているネグリトに属しており、各地でアグタ、ドマガットなどと呼ばれる人々も同じ系統と考えられる。ネグリトはルソン島だけでなく、ネグロス島、ミンダナオ島、パラワン島などにも住んでいる。

ピナツボ・アエタは、もとは農耕生活をしていたものが、米軍基地によって土地を奪われて採集・狩猟生活へと追いやられ、それが近年また、政府の定住化政策や森林伐採によって焼き畑農業に転換せざるを得ない状況になっている。それに追い打ちをかけたのがピナツボ山の噴火だった。〔**『アジア読本・フィリピン』**宮本勝・寺田勇文編・河出書房新社〕。

ピナツボ噴火のせいで再定住地に住まざるを得なくなり、インスタントコーヒーを喜んで飲むようになったアエタの、のんびりして、しかも悲しい姿は**『もの喰う人々』**〔辺見庸・朝日新聞社〕に描き出されている。

しかしながら、『週刊金曜日』二〇〇一年十二月十四日号によれば、火山灰に覆われた山に戻るアエタが増えているという。着慣れたTシャツとジーンズを意識的に脱ぎ捨てて伝統的なふんどし姿に戻り、苦しい中で伝統的な価値観を取り戻そうと苦闘している。アエタがんばれ、としか言いようがない。

政府提供の集会所。資材置き場になっていた。隣の診療所は、ボランティアの医師が詰めていて、活用されていた。

のは難しそうだった。

小さな庭付きの小さな家が並び、緑豊かな丘にかわいい牧歌的風景が広がっていた。住環境としては悪くないように見える。しかし、もともと定住の習慣がない彼らにとって、みんなが一ヶ所に住み込んで農耕生活をするのは難しいことらしい。ある日突然山の神様に呼ばれて帰って行ってしまう人がいる、という話を僕はＰＲＲＭの現地スタッフから聞いた。夢の中でお告げを聞いて、夜中に家族ともども帰ってしまうのだという。誇り高き森の民であるアエタの人々にとって、再定住地の生活にはつらいものがある。政府が提供した集会所やトイレは、まったく使われないままになっていた。

そこで現地ＮＧＯが僕に示したプロジェクトは二つあった。

一つは水牛＝カラバオを共同所有するもの。耕作トラクターになり、運搬用リヤカーにもなるカラバオは、おとなしくて強くて丈夫な、アジアの農業にはかかせない動物だ。

荷物を運ぶカラバオ。98年ヌエバビスカヤ州にて。

アエタは一般的にはカラバオは使わないようだけれど、うまく使えるようになれば、火山灰に覆われた土地もいい耕作地になるかもしれない。

そしてもう一つは、土地でとれるコゴン草を使って手漉き紙を作るというものだった。コゴン草で作った紙は、昨今話題のケナフのようにしっかりした紙にはならないが、ばさばさとした和紙のような、それなりの味わいはあるものになる。コゴン草を栽培し、手漉きの技術を指導すれば、いずれはそれを売って生活できるようになるだろう。

僕は現地で準備ができ次第プロジェクトを本格化させることを約束して日本に戻ったのだが、結局それらのプロジェクトはうまくいかなかった。

カラバオについては、アエタの人々が、それを使い、土地を耕して耕作することを学ぼうと

牧歌的な再定住村の風景。しかし、アエタには住みにくいらしい。農耕はきらいなのだ。

しない、という連絡が来た。同じくコゴン草の手漉き紙も、その技術トレーニングに来るのは低地のフィリピン人たちで、アエタは何回かすると来なくなってしまう。

彼らは忍耐力がない、と若いプロジェクトリーダーは手紙に書いてきた。言葉が通じないという問題はあるけれど、それ以上に、技術を学んで生活を立て直そうという意欲に欠けている。あれでは無理だ。プロジェクトは中止する。

現地でそう判断した以上、僕らもそこでストップするしかなかった。それからも、Aフレームという木の枠を使って傾斜地を固め、段々畑のようにしていく傾斜地農法とか、木彫り技術を覚えてもらいハンドクラフトを作るとか、いくつか試しにやってはみたのだけれど、アエタの人々にそれを実際に覚えてもらうことはできなかった。

マニラ周辺で時々、若いアエタが物乞いをしているのを見かけることがある。都市スラムで姿を見かけることが増えた、と話してくれた人もいる。アエタは世界でも珍しい、酒をつくらない民族なのだそうだが、アル中が増えている、とも聞いた。僕が再定住村を訪れた時、珍しい外国人を取り囲んで歓迎してくれたのは子どもたちだった。子どもの笑顔はどこでも同じだ、と思ったものだったけれど、そろそろ二十代になるあの子たちは、今頃どうやって暮らしているのだろう。

一昨年初めて行ったスービック経済特別区で、二人のアエタに会った。

ベトナム戦争の頃、山のサバイバルの知恵を伝える教官としてアエタがアメリカ軍に雇われていた、という話は聞いたことがあったのだが、そうした人の一人が、もと米海軍基地だったスービックで観光客にその技術を披露していた。一本の竹を、山刀ひとつで加工し、食器と飯ごうとして使えるようにする。火だってマッチなどいらない。竹をこうしてこすり合わせればつけられる。水はある種類の竹の節に含まれているから必要なだけとれる。米さえあれば、これで快適な食事ができる。

見事なサバイバル術を披露してくれた、チッタとか、チエタと聞こえる名前の男性は、かつてはこれをアメリカ軍兵士に教えていたのだと言った。そして、チッタのアシスタント兼講師をしていたもう一人の若いアエタは、その彼に教わりながら、その伝統を受け継ごうとしている。こいつは俺と同じ土地の出身なんだ、とチッタは言った。生まれ故郷は火山灰の遙か下に埋まっているけれど。俺は自分の父さんからこういう技術を教わった。今はそれを、観光客と、それにこいつに教えている。アメリカ兵に教えるよりずっといい。いい金にもなるしね。

若い方のアエタ男性。ジャングルでの葉っぱの利用法を説明している。このジャングル体験ツアーに、マニラの高校生たちも遠足で来ていた。

アエタは、民族としてはほぼ崩壊してしまっている。文化的なバックグラウンドが破壊されてしまったのだから、しょうがない。継続支援も難しい状況に今はなっている。しかし再定住村での格闘は今も続いている。忘れてしまってはいけない。

持続可能な援助

開発援助でこの十年のキーワードとなってきたのは、「持続可能」という言葉だ。sustainable という英語で、「永続可能」と訳す場合もある。国連などでも九〇年頃から使われるようになってきたが、大きく二つの意味がある。

ひとつは環境に関しての意味で、一般的にはこちらが分かりやすい。限りある資源を有効に使い、外からのエネルギー投入を最小限にしてものごとを動かす、という意味に使われる。資源リサイクルも持続可能になるための方法の一つだ。外部からの物質やエネルギーの持ち込みをせずにある区域内で循環が行えるのなら、その区域が閉じたエコシステムと呼ばれる。地球全体として考えるときには、限りある資源を使い切ってしまう可能性があるなら、それは持続可能ではない。一定の範囲内で物質が循環していくならば、持続可能だ。けれど、開発に関して言われるときにはもうひとつ、「自立的」という意味でも使われる。あるいは、環境についての言い方が空間的な持続可能性ならば、こちらの方は時間的な持続可能性、ということもできる。

アエタの例で言えば、緊急に食料を渡しているだけでは持続可能ではないが、カラバオを自分たちで管理し、耕作して生活していけるようになれば持続可能、ということになる。だから、持続可能な開発援助、と言った場合には、普通、継続的な援助ではなく、一定の期間・一定の範囲内の援助を行った結果それが自立して、それ以上の援助がいらなくなる、ということを指す。

この持続可能な開発をうたう以上、その構造や枠組みをどう示すか、ということも問われてくる。大量の支援物資を投入して開発しても、それは持続可能ではない。開発と援助は別に不可分のものではなくて開発のない援助、援助のない開発というものはあり得るのだけれど、今の社会をそのまま考えていると、時に分からなくなる。今の社会のかたちをそのままにして持続可能な開発を行うのはとても難しいことだ。ＮＧＯ主義としては、別の社会のかたちを提示しなくてはならない。それが第四世代ＮＧＯなのだから。

そこで、たとえばフィリピンを例にとってみる。次のような枠組みが考えられる。

自然の川で区切られた、人口五十万人ほどの地域を想定する。そこには多様なエコシステムが含まれていることが前提だ。山あり海ありならば理想的だが、すべてそうはいかないから、山、平地、海沿いのうちの二つを含むようにする。この一つの地域を閉じられたエコシステムとして、空間的にも時間的にも持続可能にしていくというアイデアだ。

多くの家が、四十平方メートルぐらいの菜園を持っている。さまざまな種類の野菜を植え、まわりには害虫を防ぐ菊科の植物を植える。フィリピンの場合は植物の生育が早いから、うまくサイクルをつくっていけば、それだけで一家族の食料の多くをまかなうことが可能だ。一番小規模には、その家ひとつが閉じたエコシステムになっているわけだ。

豚小屋があり、その豚小屋からは豚の糞がそのまま下の池に落ちる。池には食用になる淡水魚がいて、その糞をえさとして食べている。田にはアイガモがいて、雑草や害虫を食べる。田の刈り入れ時期になると、アイガモも人の食料になる。

トイレは各戸でのリサイクルを行うか、小型の浄化槽できれいにする。町単位の浄化設備が最大限の許容範囲。ゴミについても同じ。ダイオキシンの問題が出てきてから小型の焼却炉が使いにくくなってしまったが、ゴミはなるべく減らし、焼却を最低限にすることで乗り切ろう。

電気、燃料、水も、地域内でまかなうことが基本だ。電気は大型のダムよりは、小さな水力発電機をたくさん設置することでまかなう。風力発電機、ソーラー発電パネルもコストがひきあえば導入し

＊持続可能な開発

持続可能な開発に対する主な批判は、それが開発思想の単なる延命策でしかない、というものだ（**『グローバル経済が世界を破壊する』**「新開発政策」ウォルフガング・サックス、ジェリー・マンダー／エドワード・スミス編、朝日新聞社）。どう取り繕おうとも、開発は開発、貧富の差と環境汚染を拡大することに変わりはない。それをごまかすためのメークアップが「持続可能な開発」なのだ、という主張だ。この著者は「開発」の項で紹介した『脱「開発」の時代』の編者で反開発主義の急先鋒なのだが、傾聴に値する。生物が地球上で暮らす上で、完全に持続的に開発していくことは実は不可能なのかもしれない。

アメリカやオーストラリア、北海道などの先住民が自然と調和しながら、つまり持続可能な開発を行いながら暮らしていた、というのは分かりやすく好ましいイメージだが、生物学者の日高敏隆によれば、オーストラリア先住民のアボリジニが自然と共存していたというのは嘘で、最近の研究によると「アボリジニたちだって自然の未来を先食いしている、先食いが少しずつだからわからないだけだ」（日高敏隆）、「人類は昔から未来を食いつぶしてきた」（浅田彰）（**『富める貧者の国』**佐和隆光・浅田彰、ダイヤモンド社）のだという。

だとすると究極の解決法は、アニメおたくではないが人類が地上から消えてしまうことであり、次善の解決法はなにもしないでじっとしていることになるが、それではNGO主義の放棄でしかない。だからこそ、開発を語るときには、注意深く、世界全体との関係、地球環境との関係を問い続けなければならない。

たい。太陽熱を使ったソーラークッカーも、UNDP国連開発計画のプログラムでは導入されていて、日当たりのいいところでは充分使える。

建材、衣料、身の回りのものは、集落単位の小さな作業所である程度集中的につくって、近隣に売る。時間を超えるための施設、たとえば農作物の保管所や、多量に獲れた魚の加工所なども必要になるだろう。

豚は残飯で育てればエコロジカルだ。糞が利用できればさらによい。
フィリピンのスラムで。

各種サービスも、その域内でまかなえることを原則とする。建設関連、教育関連、保健衛生関連、みな域内の人々が域内

PRRM の小規模農園デモンストレーション施設の看板。看板の向こう側は必ずしもこの通りにはなっていなかったが、うまくいけば、これだけで一家族が生活できる。

でサービスを提供する。

上記の基本的な考え方は、僕のアイデアではない。七〇年代から内発的発展理論として展開されてきたものを具体化したもので、フィリピンのPRRMの地域開発モデルだ。PRRMの開発は、基本的にはこれに沿っていて、部分的には実際に動いている。たとえば水力発電は、「ほたる」の愛称で呼ばれる小型の発電機があって、ヌエバエシハ州、ヌエバビスカヤ州などの集落では実際に取り入れられている。豚小屋と池、田んぼとアイガモも、いろいろなところですでに実際に行われていることだ。規模は小さいながら、そしてまだ実験的なものもあるけれど、それなりには動いている。

問題もある。このエコシステムには、農漁業が必ず含まれていなければならない。それには大都市の存在がネックになる。マニラは一千万

背の高い建物だったこの教会は、ピナツボ噴火の火山灰で約六メートル埋まってしまった。

都市だから、こうしたエコシステムに組み入れるのは所詮無理だ。日本で考えるとしたら、もっともっと難しくなるだろう。都市は都市として、別のシステムを考えなければならなくなる。そうすると今度は、そうした都市と農業地域との関わりも考えなくてはならない。日本ではすでに不可能に思えるし、フィリピンでも難しい問題ではある。

もっと大きい問題は、市場経済と近代化主義の問題だ。NGOが地道にこつこつやっているところに、その何千、何万倍の資金が投下されることがままあって、そんなところでは、こんな小さな試みはいっぺんに吹き飛んでしまう。

しかしながらフィリピンは、市民社会が比較的強い。NGOも充分に機能している。これからの開発を、人々が今から決めていけるはずだ。可能性はあると思うのだが。

chap. 10 NGO主義で開発を考える

NGO主義とグローバリゼーション

持続可能な開発のプログラムに対して、「草の根援助運動」は各地で援助をしてきた。ある場合は成功し、ある場合は失敗した。

イフガオ州では、住民組織が主体となってコンクリートブロックをつくるという小規模作業所を支援する予定だったが、うまくいかなかった。

十数人の住民たちは、マネジメントを教わり、近隣への売り込みも行い、毎日一定時間作業所でブロックを作った。木枠を組み、その中にコンクリートと砂利を混ぜて流し込むという原始的な手法だ。できたブロックは、目が粗くていかにももろく、質がいいとはいえない。しかし、最初はそれなりに売れた。フィリピンでは、いかにも趣がないので僕は嫌いなのだけれど、小屋や家をこれでつくることが多く、需要は大きいのだ。そこで、コンクリートをもっときちんと混ぜるための小型のミキサー導入が予定されていた。しかし、その前にあえなくつぶれてしまった。

つぶれた最大の原因は、業者に太刀打ちできなかったことだ。住民組織は配達手段を持っていなかったから、近隣の集落に売るにはトラックを持っている人に運んでもらうしかなかった。それでもなんとか売れるようになった頃、今までブロックを売っていた下の町の業者が、値段を下げ、しかもトラックを使った無料配達サービスまでするようになった。配送料を含めると、住民組織のブロックは、同じ値段でも対抗できない。ほとんど利益なしでやっていた住民組織からはメンバーが次々と抜けていき、結局組織そのものが空中分解してしまった。

こうしたオルタナティブな開発がつきあたる最大の問題は、商業資本や工業化技術との衝突だ。これは日本の生協運動などがぶつかっているのと同じ問題でもある。消費者は、安ければそちらに飛びつく。消費者教育は難しい。品質が多少悪くても、そちらを買うのが普通だ。小さな資本でこつこつとやろうとする者はつぶれてしまう。大きなメーカーだけが生き残る。地場産業がつぶれていく日本の仕組みと同じだ。大きな枠組みで言えば、アメリカ化たるグローバリゼーションが、この同じ問題だ。

もともと地域内でまかないきれないものをどうするか、という問題もある。都市の問題につながるのだけれど、現実的に、車は地域内でというのは無理だろう。テレビもパソコンも無理だ。マクドナルドが食べたい、という要求に応えることも純粋に考えれば難しい。スケールメリットで安くしてい

フィリピン・バターン州。この若い漁民が大型漁船と対決して生き残るためには……

るものもみな立ち行かない。

これに対して、NGOのある部分は、暴力的な示威行為を行ってみせる。九九年、シアトルでマクドナルドやスターバックスが叩き壊されたのは、圧倒的なグローバリゼーションパワーに対するNGOの側からの苛立ちの象徴的なあらわれだった。マクドナルドがなければ、消費者も惑わされることはなかっただろう。ローカルな価値に対してグローバルな価値を持ち込もうとする、企業の論理をたたきつぶせばいい。そうした対抗の論理で、コカコーラやGAPといった世界企業が次々にターゲットにされている。NGOといえば過激な暴動、という報道の仕方は的外れではあるが、基本的な立場としては、多くは反グローバリゼーションの側に立つだろう。

しかし地道な活動をしている多くのNGOは、それはそれとして、現実的には妥協的な修正主義で動いていく。持続可能な開発論は崩さない、しかし目の前の住民が納得することが第一だ。うまく納得させられれば、理想的なやり方がすすめられる。半分納得させられれば、半分理想主義的なやり方をやってみる。数人が納得すれば、その数人にとりあえずやってみてもらう。

中途半端だと言われればその通りだし、まだるっこしいといえばその通りだ。しかしこれしか方法はない、と僕は思う。そして、それがいつか主流派に変わるのではないか、という期待も持っている。

NGO主義とパラダイムシフト

百匹目のサル論というのがある。八〇年代もてはやされたニューサイエンスのカリスマ的存在であるライアル・ワトソンが『生命潮流』の中で紹介した、宮崎の幸島の話だ。

一匹のサルが、サツマイモを洗って食べ始めた。それを見てまねするサルが出てきて、次第に数が増えてきた。そのサルが九九匹になり、ついに百匹に増えたときに不思議なことがおきた。その島のサルたちが一斉に洗い始めたばかりか、他の島や、高崎山のサルたちまでが食べ物を洗い始めたのだ。

これは、一つのものごとが、ある一定の数——閾値——を超えると一挙にそれが主流派に転換する、というパラダイム転換の例としてもてはやされた。

こうした、非主流がある日突然主流になっていた、と見える現象は世の中にたくさんある。債務帳消しキャンペーン「ジュビリー二〇〇〇」では、僕たちはそれに近い興奮を味わった。ジュビリー英国の代表だったアン・ペティファー氏は、一九九九年三月にジュビリー日本委員会の招きによって来日した際、こう言った。

「二年前には私は、世界銀行総裁や大臣に向かってこぶしを振り上げていたの。それが、日本に来る三日前のことだけれど、政府に呼ばれたので行ってみたら、なんと隣が世界銀行総裁、その隣が財務大臣！　私が主役になってるの！　今や私たちが主流になったんだわ。」

日本ではついにそうならなかったけれども、ジュビリーは、イギリスでは完全に主流になった。町中でのキャンペーンに数万人が集まり、イギリスの保守的な経済紙『ファイナンシャル・タイムズ』の一面に、注釈抜きで「ジュビリー」と載るようになった。イギリス政府も、ローマ法王も、ジュビリーの主張を認め、支援するようになった。

NGOの主張が主流になる日。僕はそれを夢見ている。小さいところから始めて、段々と広がっていく。ある一定の人たちにまで広がると、あとは爆発的に広がって、それが新しい主流になる。世界中の人たちが、ものに追いまくられる生活はもうこりごりだ、と思い始め、新しい価値観に急速に転換していく。

学生たちを集め、ツアーを組み、プロジェクトを任せるのもこれが底にある。フィリピン学生ツアーはとりあえず十年続けるという計画で始めたのだが、すでに参加者は百人近く、その参加者たちがさらに友人たちに活動を広げている。こういうことをずっとやっていけば次第に僕らと同じように考える人が増えていき、ある時急に……。

ところが、最近明らかにされたところでは、百匹目のサルの話は、実はライアル・ワトソンの創作だったのだそうだ。幸島でも高崎山でも、そのような話は記録がないのだという。

僕らの場合も、想像上の理想論で終わるのだろうか。

講演するアン・ペティファー氏。南アフリカ生まれの彼女は、パワフルにジュビリーを引っ張った。トレーナーには Cancel the Debt（債務を帳消しに）と書いてある。

三たびカプニタン村

自分は影が薄いのではないか、人に覚えてもらえないのではないかという気持ちを、僕はいつも持っている。やや小柄な、眼鏡をかけた、特徴もないつまらない顔をした自分、という中学生の頃の自己評価がいまだに消しきれない。目立ちたくて派手目な恰好をしてみたり、口ひげをはやしていた時期もある。ある人々には、僕は自信たっぷりにも見えるらしいのだが、それはそう見せようとしているからで、僕はしばしば、自分がいたかどうか誰も知らないのではないか、という思いにかられたりする。そして実際、そういうことが多い。以前会って話をした人が明らかに僕を覚えていなかったり、会ったと言うといかにも思い出したふりをしながら困っていたり、ということがあると、やっぱりそうか、と僕の腹の中で暗いオリがふわふわと落ちていく。もっとも、僕も人の顔が覚えられない方で、見覚えのない人から親しげに声をかけられることがしばしばだから、他人のことは言えないのだが。

カプニタン村に、二度目に行ったときだった。住民組織サマカのリーダーであるアトンさんが、久しぶり、また来たね、と言ってくれた。ペリーだね、元気だったかい。

そうでなくても外国人の顔は覚えにくい。しかも最初にカプニタン村に行ったときは、十数人のグループの中で説明を聞いただけだったのだ。自己紹介をした覚えはあるけれど、認識してくれたとはとても思っていなかった。僕がどんなにうれしかったか、分かっていただけるだろう。

アトンさんは、小柄だががっちりしてしなやかな体つきで、爽やかなスポーツマンの雰囲気を持っている。褐色の肌がとてもきれいだ。年齢は六十歳を少し過ぎたくらい。

最初のとき、彼は、組織の代表として、マングローブの林を案内しながら、自分たちがこれまでどうやってカプニタン村の環境を整えてきたか、いま何をやろうとしているか、ていねいに、短い言葉で分かりやすく説明してくれた。彼の英語は流暢ではないが、とても理解しやすい。発音の問題ではなくて、話し方が論理的なのだ。小学校しか行っていないそうなのだが、自分のやっていることと自分の状況が、自分できちんと把握できているからだと思う。頭の中が整理されているのだ。フィリピ

アトンさん。スタディツアーで訪れた労働組合幹部に説明する。

ンに限らず、農村でも漁村でも、こういう人に時々出会う。人間の知性というのは学歴とは関係がない、と思う瞬間だ。僕はすっかり感じ入った。ちょっと大げさなのだけれど、自分の生き方に満足し、自信を持っている人なのだと思った。

そのアトンさんは、なんと警察バッジを持っている。これは、不法漁法を取り締まるためのもので、サマカが地方自治体から漁場パトロールを委嘱された証だ。逮捕権も持っているので、不法漁法を行っている漁民を実際に捕まえることもある。誰でももらえるわけではなくて、きちんとした住民組織の推薦を受け、一定の講習を受けて委嘱される。今この漁民組織では四人の人がこれを受けている。バンタイ・ダガット、タガログ語で「海のガード」という意味だが、その音の響きもとてもかっこいい。住民たちの希望の星だ。

アトンさんはその、バンタイ・ダガットの最初の

バンタイ・ダガットの活動を紹介する絵はがき。ＰＲＲＭのキャンペーン用に使われる。
手前のグロリア家のノエルは、2001 年全国漁民組織の委員長に選ばれた。

リーダーでもあった。

不法漁法には何種類かある。川でよくやられるのは電気だ。バッテリーと長い竿を持って川沿いを歩いている人をみかけたら、それは川に電気ショックを流すためのもので、一時的に感電させて、浮かび上がってきた魚を一網打尽にしてしまう。殺すわけではない、ショックを与えて大きな魚を拾い上げるだけだ、と使っている人は言い訳をするけれども、見ていると小さな魚がたくさん浮かび上がる。むしろ小さなものにダメージが大きいのだろう。

海ではバッテリーで感電させるのは無理だろうから、電気ショックは使わない。よく使われるのが、毒薬とダイナマイトだ。毒薬漁はフィリピンでも南の方ではかなり以前から行われているらしいが、マニラ湾ではダイナマイト漁が多い。ダイナマイトといっても、僕たちが普通イメージする

棒の先を水に浸けてビリっとやる。悪いことはしていない、と言っていたが、写真はいやがった。横を向いた隙に一枚。

ようなものではなく、ビール瓶に爆竹に使う火薬を詰めて導火線で火を付けるという単純なものだ。だから手軽で、とても危ない。

ダイナマイト漁は、何艘ものボートで出てきて、一緒にやる。

魚の多そうなところをぐるりと五、六艘のボートで取り囲み、その真ん中に一艘、ダイナマイトを積んだボートが入っていく。ボートに乗った男たちが、通常の漁とは違って、みな立ち上がって周りを見回しているからすぐに分かる。

僕たちのボートが近づいていくと、とりあえず爆破はしないで、じーっとこちらを窺っている。これから何が起こるのか、初めて海の上でそうした一団に出会った時はドキドキものだったが、やはりそうした状況でダイナマイト漁をやることはないらしい。あたりに他のボートがいなくなってからやる。やる側も、それが違法

＊毒薬漁法

六〇年代にフィリピンで始まった漁法で、一時は世界中の珊瑚礁で行われたが、消費者の忌避、漁業者自身の自粛により、現在はだいぶ少なくなったようだ。

「十分近く水中にとどまることのできる漁師が、水中メガネと足ひれをつけて水深二十メートル近くまで潜り、スポイト状の容器から希釈したシアン化化合物の溶液をサンゴの隙間に流し込む。麻痺した魚は水上に浮き上がってくるので、漁師たちは容易に網ですくい上げることができる。捕獲された魚は新鮮な海水の流れる『生け簀』に放たれ、数日で体内のシアン化合物を体外に放出するため、市場に出回る魚からはシアン化合物は検出されにくいという。」〔**『アジア・ウェーブ』**二〇〇〇年五月号〈サンゴの楽園と「毒薬漁法」〉中川圓〕。

魚は、観賞用と、生け簀に放して目の前で料理する中華料理用に主に使われる。この漁法で獲った魚はしばしば肝臓が肥大しているという話もあり、食用には当然危険ではあるだろうが、さらに問題なのは、魚の住居であるサンゴを破壊することだ。サンゴを造っている褐虫藻がその毒性で死に、サンゴが白化してしまうのだという。フィリピン全土ではすでに百万トンのシアン化化合物が使われたという推測もあり〔**『Sullied Seas』** Charles Victor Barber / Vaughan R. Pratt, World Resources Institute and International Marinelife Alliance〕、中部のビサヤ地方ではこの毒薬漁法によるサンゴ白化が大きな問題になっている。ちなみに、数年前に世界各地で大問題となったサンゴ白化は、毒薬ではなくて海水温の異常上昇によるものである。

だということは充分に分かっているのだ。

電気ショックも毒薬もダイナマイトも、問題は同じ、環境を破壊し、すべてを根こそぎ獲ってしまうところにある。今、サマカの漁民たちは、自主規制としてわざわざ大きな目の網を使ったりもしているのだけれど、そんなことにおかまいなく、稚魚も殺してしまうわけだ。だから、不法、というのは、自分たちの漁場を不法に荒らす、という意味ではない。資源の再生を無視した、「持続可能」な漁を不可能にする、という意味での不法なのだ。

もちろん、従事者自身の危険も大きい。恐怖感を麻痺させるために麻薬を使うこともしばしばあるという。カビテ州の漁村で会った老漁師は、若い頃ダイナマイト漁で失敗して、視力と片手を失ったと言っていた。自分はバカだった、と白い目を僕に向けて老漁師は言った。ダイナマイト漁なんて、するべきじゃなかった。やろうとしている漁師をここに連れてきてくれれば、いかにバカなことか、言って聞かせるんだがね……。

このダイナマイト漁はいったい、いつ誰が始めたものだろうか。という疑問の答えを、僕はまったく偶然に知った。自分の祖父が始めた、と言う人に会ったのだ。その人は自称発明家で、飲み続けると若返るドリンク「リバイタライズ」だとか、薄くなった頭髪を再び黒々とさせる「フレッシュ ヘア」だとか（一瓶プレゼントされてしまった）、ネーミングをもう少し凝ってもいいように思うのだが、ちょっと怪しいアイデア商品を作って売っている六十過ぎの男性だった。パワフルで、おしゃべり好きで、話し出したら止まらない感じの、しかしとても気のいいその男性は、発明品の車のオイルだか

＊マングローブ

マングローブというのは、熱帯・亜熱帯の海の中に生える植物の総称で、分類の仕方によってちがうが大体五十種類ぐらいある。かつては沿岸のどこにも生えていたが、人間の手による伐採などのせいで、大幅に減少してしまった。たとえばタイではかつて三七万ヘクタールあったものが、現在は十七万ヘクタールに減少しているという。フイリピンのマニラ湾沿岸ではさらに深刻で、かつては海岸線をぐるりと囲んでいたマングローブも、現在はその三％しか残っていないという状況だ。

このマングローブは、サル、トカゲや鳥、昆虫といった動物や水中の海藻、そこに生息するエビ類や魚類など、多様な生命の源となる。一ヘクタールあたりの有機物の年間平均生産量は、外洋で一・三トン、大陸棚で三・六トンであるのに対し、二五トンと抜群に多い。マングローブ林域に住む人々は、この豊かな自然に依存して生きてきたのだ。

マングローブはまた、自然災害から人々を守る保安林の役目も果たしていた。毎年サイクロンによって甚大な被害を被っているバングラデシュであるが、マングローブ林が残っている地域は被害が少ないことが知られている。また、海洋汚染の拡大を防ぐ役割も果たしていて、美しい海の保護にも役立っているのだ。

マングローブは、人々の生活にも、生態系にもとても大きな役割を果たしてきたのである。

このマングローブについてはそのものずばり**『マングローブ入門』**〔中村武久・中須賀常雄、めこん〕という本があり、この一冊でなんでも分かると言って過言ではない。上記も、マニラ湾岸のこと以外はすべて同書に依っている。

添加物だかが当たったそうで、結構な暮らしをしている。話には漁船につける風力発電機だの電気を使わない自動舵取り装置だのといった不思議なものも次々登場するのだが、そのよもやま話の中で、バターン州の先端の村に住んでいた祖父がマニラ湾のダイナマイト漁法の創始者だ、と聞かされることになった。そのおじいさんは彼が子どもの頃に亡くなったということだから、もう半世紀以上前のことだと思うのだが、いっぺんに簡単に魚を獲る方法として、またたく間にマニラ湾全域に広まったのだという。「今じゃ資源破壊だって白い目で見られてるけどね、そのころは誰もそんなことは思ってもみなかったんだよ。海に行けば魚は無限にいたんだから。」

芽を出したマングローブ。これは自然に落ちたものだが、住民組織はマングローブ植林もやる。

今では無限でないことは分かっているし、法律的にも不法とされているので、自分の村のそばでやる人はいない。マニラ湾内でも、やる場合は対岸側に行ってやる。バターン側でやっているのは大抵カビテの漁民、カビテ側でやるのはバターンの漁民なのだそうだ。あるいは湾外からやってきて、こっそりやってこっそり帰っていく。悪いとは知りながら、というのが現状だ。

それをきちんと取り締まるのは、本来なら警察なり沿岸警備隊なりの役目だろうが、そこまで手が回らない。そこで、住民のいわば自警団である、バンタイ・ダガットの出番になるのだ。

ただ、逮捕権を持っていることと実際に逮捕できることとは別だ。不法漁法をやる人は大体パワーのあるボートに乗っているから、普通の漁民の乗っている船――バンカ――ではとても追いつかない。そのための特別なパトロールボートが必要だ。それも一艘だけでは足りない。本当に逮捕までするつもりなら、二艘、あるいはそれ以上のボートが必要になる。

数年前、初めて逮捕権を委嘱されたとき、サマカは地方政府から二隻のパトロールボートを寄贈された。ヤンマーの巨大なエンジンを積み、バンカの二倍以上のスピードが出る。一度乗せてもらったが、すさまじい音と振動で、エンジンだけとれば、まさにパワーボートだった。問題は船体が普通のバンカと同じタイプの木製だったことだ。やわな船体がエンジンを支えきれず、結局二年もたずに二隻とも壊れてしまった。

Ｐ２ユースの「マニラ湾環境回復プロジェクト」は、このボートを贈ることを一つの目標にしてきた。分かりやすく具体的な目標を、と考えた結果だ。これが「持続可能な援助」であるのかどうかというのは、学生たちの間でも、「草の根援助運動」内でも議論はあった。しかしともあれその成果は実り、二〇〇一年夏には、ファイバーグラスの船体の、立派なパワーボートを一艘贈ることができた。それに感激した村長が、パトロールの費用と以後のメンテナンス費を村費から出すという約束をしてくれた、というおまけつきで、贈呈式に行った学生たちは感激して帰ってきたものだ。

このボートが、地域のバンタイ・ダガットの活動をさらに加速させた。対岸のカビデ州の漁民の間でも、これに刺激されて新たな動きが始まっている。

サマカは、他にもさまざまなプロジェクトを展開してきた。五十センチ四方のコンクリート製人工漁礁は、三十個ほどをまとめて沈める。今までに十ヶ所ほどにつくってきた。竹を組んで海底に突き刺していくかたちのものは耐久性は短いが、そこにつくムール貝の一種が副産物となる。

フィッシュホテルと呼んでいる、漁禁止区域の設定と監視もサマカの仕事だ。約五十ヘクタールの広さの海を、竹の柵で印をつけて魚の聖域としている。マングローブの再生と監視、沿岸のゴミの清掃も、サマカの仕事。ゴミの清掃は、地方自治体の貧困対策費を受けて、参加者に賃金を払う方式で行う。フード・フォー・ワークという、アメリカのニューディール政策が原型といわれる方法だが、その指揮をとるのはサマカだ。そうしてこれらのほとんどはメンバーの無償奉仕で行われている。

これらの活動の成果で、最近漁獲量が少し増えてきた。捕れる魚の種類も増えているという。徐々にではあるが、漁民組織の活動が環境まで変えている。

アトンさんは、これらについて責任を持っている。にこやかな彼のもとで、グロリア家のジョジョや三男のノエルら若手メンバーが、それぞれのことについて知識を深め、計画し、すすめている。サマカは理想的な組織になりつつあって、こうした活動のモデルケースとなっている。

そのアトンさんに聞いたことがある。一度聞いてみたくて、長い間聞けなかったことだ。それは、日本人に対して本当はどう思っているか、悪い感情はないのか、ということだった。

このあたりは六十年前、戦場になった場所だ。戦争の初期には悪名高い「バターン死の行進」が行われ、捕虜となっていた数万人のフィリピン人と米兵が死んだ。その後も日本軍とアメリカ軍が、攻め、攻められ、追って追われての戦闘を繰り返した。四四年に米軍が戻ってきたときには、このカプニタン村あたりも米軍の上陸地点となっていて、日本軍との激しい戦闘が行われている。

しかしアトンさんは、いいや、全然、と繰り返した。自分はごく小さかったしね、日本軍のことなんて覚えてない。日本人はみな、いい人ばかりだ。

身内で殺された人とか、いないのですか？

それは……とアトンさんは首をかしげた。いないわけじゃないけれど……

子どもの頃は、どう思ってました？

子どもの頃は……そうだな……。子どもが悪いことをするだろう。そうすると大人は、ジャパニーズが来るぞと言うんだ。ジャパニーズにさらっていかれるぞって。そうすると子どもはみんな黙る。だから、なんだか分からないんだけれど、ジャパニーズっていうのはよほど怖いものなのだとは思っ

太平洋戦争の激戦地・コレヒドール島の鎮魂碑。すべての兵士の鎮魂となってはいるが、戦闘がなぜ起こったのかを考えると、祈るだけでは納得がいかない。こうした鎮魂碑がこの島にはたくさんある。

てた。でもそれは昔のことだ。今は全然、思ってないよ。いい友人が、たくさんできたからね。

アトンさんは最近なんと、大学に通い始めた。ここから三十分ほどで行ける町で、大学のエクステンション講座が開かれているのだが、そこで週一回、海洋資源学を学び始めたのだそうだ。大学に行くのは楽しいよ。この歳になって行くとは思ってもみなかったけれど、いいもんだね。

カプニタン村の人々は、仕事があまりない。高潮が来ると避難しないといけない。それでもみんなが明るく暮らしていられるのは、アトンさんを中心とした自治的な組織がしっかりしているからだと僕は思う。

chap. 11 僕のめざすもの

オゲゲの前で泣いたこと

オゲゲには、約二週間の日本滞在の間に、開発教育関係のセミナー、京都と横浜の二ヶ所の大学、それに五ヶ所の高校で話をしてもらい、それ以外にも学習会や内輪の勉強会など、とにかくたくさんのところに行ってもらった。開発の問題、フィリピンの話、コミュニティ・オーガナイザーの仕事について、僕らの側から聞きたいことはたくさんあった。彼女は初めての日本を楽しみながら、精力的に歩き回ってくれた。

その最後に行った、学生や一般の人、「草の根援助運動」の運営委員ら三十名ほどを集めた学習会でのことだった。

高校でのオゲゲ。さまざまな質問に、ていねいに答える。

この日の演題は、かなり広めに「フィリピンの現状とフィリピン農村再建運動（ＰＲＲＭ）の理念・活動と実践について」とつけていた。僕は通訳をしていた。彼女は前半、フィリピンの政治状況の話や最近のＰＲＲＭの状況について話し、後半には、初めて日本に来て見たこと、聞いたことについての話をしていた。

「この間は、初めて雪というものを見ました」と彼女は言った。「思ったほどに寒くはない日で、空から落ちてくる雪はとにかく美しかった。どこもかしこも真っ白になって、みんなが平等に白いものに覆われていくのを見ていると、とても平和な気持ちになれました。

今回、日本でたくさんの人に会えました。私は高校生にも会ったし、私たちの活動をサポートしてくれているたくさんの人々に会いました。東京では、私たちに資金を出してくれている団体の方にも会ってきました。そうした方々と会えたのは、とてもよかったと思います。私はあちこちで、私たちがフィリピンで何をしているのか、どういう方法で貧しい人を支援しているのか説明し、理解してもらいました。みなさんとても暖かく、さらに支援してくれることを約束してくれました。

でも、私はもうひとつ、みなさんに考えてみてもらいたいことがあります。それは、もっともっと根本的なところで、私たちとの関係を変える必要がある、ということです。

日本の首相がフィリピンに来ると、たくさんの人がお願いに行きます。みんな、援助をもらいに行くのです。逆にフィリピン大統領が日本に来たときにも、フィリピンの大統領はあちこちにお願いに行きました。みんな同じなんです。私も日本人に、支援のお願いをします。……どうしてそうなのか、……どこへ行っても私たちは、お願い、お願い、お願い、……私たちは平等の立場には立てないのでしょうか。

私は、たくさんの素晴らしい日本の人たちと知り合ってきました。高校生たちも、私の話をきちんと受け止めてくれました。大学生はフィリピンと日本の関係についてしっかりと考えてくれました。もっと年上の方たちもまた、フィリピンの将来について思いやってくれています。

ここにいるみなさんもまた、わざわざ私の話を聞きに来てくれている。とてもありがたいと思います。みんな優しく、正義感に満ちた、立派な人たちです。そういう人たちと、私はお願い、お願いの関係にはなりたくない。私は平等の立場の友人になりたい。同じ人間として同じように話し合える、そういう関係をつくっていきたい。そういう世界にすること、私はそれをここで、みなさんに訴えたいのです。」

僕はそこでもう、訳せなくなってしまった。涙が、つーんと鼻から口へ流れ込んできた。止めようとするとかえってのどが苦しくなった。僕はマチョガノのことを思い、アトンさんのことを思い、ジェンマのことを思い、ローズのことを思った。僕は絶対に、彼ら・彼女らのことを見下してなんかいない。お願い、お願い——begging, begging——の関係なんかじゃない。オゲゲだって僕たちに、お願い、お願いなんてしていないし、僕たちだってずっと、平等の友だちだと思っていた。もしかしたら彼女はそう思っていなかったのだろうか。僕の家に泊まり、僕の娘と一緒にお風呂に入ったりして楽しく過ごしてきた、それも彼女にとって屈辱だったのか？

オゲゲがティッシュを出して僕に渡してくれた。彼女はどうして僕が泣いてしまったのか、分かっただろうか。もしかすると、僕の通訳を聞いていた出席者にもわけが分からなかったかもしれない。オゲゲには、僕をいじめるつもりなんてなかっただろうし、学習会の出席者もまた、僕がそう思ったことも分からなかっただろう。

彼女が屈辱だなどとは思っていないことを、僕は知っている。フィリピンに行けば、彼女が僕たちの世話をしてくれる。色々なところに連れて行ってくれて、様々な人と会わせてくれる。日本に来たときには僕たちが彼女のホストだ。

僕たちは共同して、色々なことを行ってきた。プロジェクトについて討論し、調査し、検討した。ツアーの学生たちと一緒に話を聞き、あちこちで見聞を深め、時には涙した。僕たちは共通の問題に、一緒になって立ち向かっている。情報を交換し、しかし知らせるよりははるかにたくさんのことを教えてもらい、その代わり自分たちの生活の中からほんの少しの資金と労力だけを提供して、僕たちは「一緒に」たたかっている。

それは、本当は、平等の立場ではない。僕たちはそれも、知っている。僕たちの援助活動は、経済格差があるからこそ成り立つのだ。僕たちは、自分の給料を半分にして、それをフィリピンの人と分かち合ったりはしない。僕たちの給料のほんの一部でも、フィリピンでならばそれなりに使いでがある、だからこそ僕たちの援助が成り立つ。ニュー・ホープの優秀なコミュニティ・オーガナイザー、ママタは、月給六千円で働いてくれている。それを僕たちは、共同プロジェクトと呼んでいる。それはもしかしたら、フェアではないのかもしれない。でもそれは、たかがお金のことじゃないか、と思う。たかがお金。持っているか、持っていないかの差。同じ事をしても、たくさんもらえる人と少ししかもらえない人の差。そんなのって全然意味のないことだ。たかがそれだけのことだ。でも、たかがそれだけのことが、人と人との決定的な違いを作ってしまう。たかがお金のことで、死ぬ人もいるし、長生きする人もいる。

でもやっぱり、たかがお金のことだ。僕たちの関係は、そんなところにはない。

アグス・ムリアワン

「草の根援助運動」は常に、現地のＮＧＯに対する支援の形をとってきた。日本人職員を一人送る費用で、現地ならばその十倍、百倍の仕事を進めることができる。集めた資金を日本人スタッフのために使うのではなく、できる限り直接現地ＮＧＯに回すべきだ、という創立時からの合意は今も生きている。

僕はそれに百パーセント納得している。あちこちで援助の話をする時にはそう言ってきた。それでもいつも、ほんの少しの、でも軽くはない後ろめたさのようなものがあった。現地に行って毎日プロジェクトの指揮をし、実際に体を動かしている日本のＮＧＯの職員たちに対して、僕はただパートタイムの事務局長として日本から支援するだけだ。現地にいる人たちと比べると、体を張った仕事をしていない。そんな後ろめたさをもっていた。

だから、東ティモールの住民投票の監視員が募集されているのを知ったときには、大いに迷った。教員の仕事を数ヶ月休んで、あるいは、だめならば仕事を辞めてでもいくべきなのではないか、とさえ思った。アフリカや東欧ではなく、他ならぬインドネシアの話なのだ。今まさに、歴史が動いている。その場面に身を置いてみたい、という衝動は大きかった。

そんなことを超えて、あらためて、最終的に僕は日本でやっていこう、と考えるようになったのは、その東ティモールでのインドネシアの若者、アグス・ムリアワンの死があってのことだった。

もう十年も前だけれど、ＪＩＣＡ主催の国際交流プログラムに参加したことがある。海外から数十人の青年を呼び、一ヶ月ほど日本に滞在させて紹介するというプログラムの一環で、僕はインドネシ

在りし日のアグス・ムリアワン。日本からのツアーメンバーに説明しているところ。

アから来た教員たちと二泊三日をともに過ごした。高校の卒業生がＪＩＣＡのコーディネーターの仕事についていて、交流してもらう日本側の教員が集まらない、と声をかけられたのだ。

富士の裾野にある、浴場の正面に富士山が見えるホテルに泊まって、教育の話や家族の話などをするのは楽しかった。みなとても明るく、開放的で、ディーセントな人たちだった。同じ教員の仕事をしていることもあって、会話は弾み、その後インドネシアで会った人や、今でも交流のある人もいる。

ただ不思議だったのが、スハルトの話や東ティモールの話になると、誰も彼も突然、公的な説明口調になってしまうことだった。パンチャシラという国の五原則のことや、民族融和の話。東ティモール問題はほんの一部の動きが誇張されているのだということ。それまで自由にあれこれ話していたインドネシアの先生たちが、その話になるとみな同じことしか言わなくなる。なにか変だ、という感じは正しかった。公務員は自動的に与党ゴルカルの党員になっていてスハルト支持以外は許されない。軍や密告制度によっていたるところに落とし穴が隠されていて、公務員が現体制を批判するのは不可能。ＪＩＣＡのプログラムで派遣されてくる人たちは、そんな関門を通り抜けてきた「優秀な」先生だったのだ。

アグーは、ジャワ人によるバリ支配に対しても公然と批判する。隣の、別のＮＧＯのスタッフ・ジャロットはジャワ人。よく苦笑していた。

「インドネシア大統領になるための三つの資格って知ってるかい。金があること、軍人であること、そして大統領経験があることなのさ。」バリ島で会った、ジャワ人とスハルト政権による支配に批判的なアグーは、そう言って大笑いした。

彼の父親は、六五年の共産党クーデターに連座して軍に殺された六十万人の一人で、彼自身も公職には一切就けない。そうした状況の中でもスハルト批判は危険

アグスの撮った写真。治安部隊が学生の突入を阻止。98 年 11 月、ジャカルタ国会ビル前で。

を伴うらしく、陽気なアグーが大声で喋っている時の、一緒にいた他のNGOメンバーの不安げな表情は、今でもよく覚えている。

　しかし九八年になってインドネシア情勢も大きく変わった。政情不安が伝えられるようになり、反スハルトデモが公然と行われるようになった時には、ついにインドネシアにも春がくるのか、との思いが強かった。

　そのニュースを「草の根援助運動」にメールで次々と送ってきてくれたのが、インドネシア人の学生、アグス・ムリアワンだった。彼は古都ジョグジャカルタのガジャマダ大学で日本語を学び、とても流暢な日本語を話す。その数年前の「草の根援助運動」のツアーで通訳をやってもらってから、彼はインドネシアツアーには欠かせない人となった。

　気勢を上げている学生たちのわきで、腰に銃を下げた警察隊が目を光らせている。アグスはその銃をアップで撮り、不気味さを際だたせた。警官隊が催涙弾を使い、放水車で水をまき、警棒で学生たちを追い回している。そのただ中で、警官・学生双方の表情を真正面から撮った写真もある。

アグスの撮った写真。ジャカルタのストリート・チルドレン。雨が降ったら商機。しかし実際に会ったら僕は、子どもの傘を借りる勇気はない。

アグス・ムリアワンは当時二五歳。ジャーナリスト志望の学生で、取材の途中で壊れてしまったレンズなどは、「草の根援助運動」の運営委員が贈っている。九八年からは「草の根援助運動」の現地連絡員になってもらい、さまざまな情報を送り続けるように頼んだ。僕たちの、現地の大切な仲間の一人だ。

彼の送ってくる写真はデモの様子ばかりではなかった。ストリート・チルドレンの写真もあった。子どもたちは雨降りに傘を貸す商売をやっている。自分の持っている傘を差しだし、客のあとを濡れて歩く男の子の写真は、明るくて、しかも悲しかった。アグスはいつも、相手の懐に入って写真を撮っていた。

その彼は、九九年九月、東ティモールに行った。彼の関心からして当然のことだ。九八年夏、ついにスハルト政権が崩壊し、それまで力で押さえつけられていた民族の独立運動が各地で頻発しはじめた。その最も熱いうねりが、東ティモールにあった。

東ティモールは、もともとインドネシアではない。四五年、インドネシアがオランダから独立したあともここにはポルトガルが居残り、七五年になってついに撤退した時に今度はインドネシア軍が侵攻して併合したという歴史を持つ。文化的にも民族的にもインドネシアとは異質なところで、以来抵抗運動が繰り広げられ、それに対する軍の暴力的な支配も続いてきた。

辺境の地で、独立を求める人々。その永年の夢だった独立に関する住民投票が、九九年七月、ついに行われたのだった。

結果は、独立賛成派が多数を占めた。暴力的な投票妨害や票のすり替えなどがあったにも関わらず、東ティモールの人々はついに独立を勝ち取った……と誰もが思ったのだったが、悲劇はそのあと起こった。ミリシアと呼ばれる雇われ民兵が、インドネシア国軍の撤退にあわせて、東ティモール人に対する無差別の暴力をふるい始めた。村は焼かれ、畑は踏みにじられ、あらゆるものが破壊された。多くの東ティモール人たちが、自分たちの住居を追われて避難所に逃げなくてはならなくなった。避難所でもまた民兵たちの暴力騒ぎが頻繁に起こった。

九九年九月、アグスはそこに行ったのだった。

その夏に大学を卒業した彼は、フリーのジャーナリストの卵としての第一歩を踏み出していた。日本のフリージャーナリスト集団、アジアプレスの一員として。そして、九月二五日、まだそのほんの数歩目を歩いている時に、彼は殺されてしまったのだった。

そのことを僕たちは、九月二九日の新聞で知った。そこには小さな記事で、インドネシア人ジャーナリスト殺害される、と出ていた。そして翌三十日には、アジアプレスが次のように報道した。

「東ティモール取材中のアジアプレスインドネシア人メンバーアグスさん（二六）が二五日、ローマカトリック教会関係者など八名と共に東ティモール東部のコム近くを車で移動中に攻撃を受け、死亡した。

一行は全員射殺され、遺体は川に投げ込まれたとポルトガル国営テレビは教会当局者の話として伝えている。

同テレビによるとインドネシア国軍による攻撃と伝えられているが詳細は不明。ＡＰ通信は併合派民兵によるとしている。

一行は食料や医薬品を避難民に分配するための現地調査のため、ロスパロスを訪れていた。彼らは午後戻る予定だったが、帰りが遅れたらしい。そして待ち伏せにあったと教会関係者は語る。

遺体は損傷がひどいためロスパロスで埋葬された。

アグスさんは独立投票後もファリンテルゲリラの取材を唯一続けていた。」

この事件から僕らが受けた衝撃は大きかった。僕たちは急遽集まり、情報を収集すること、ホームページやメーリングリスト上でそのニュースと僕たちの抗議を流すこと、そして何もしようとしない日本政府と当事者であるインドネシア政府に向けて、抗議声明を出すことを決定した。以下はそれを受けて、当時代表をしていた山中悦子さんが書いた、「草の根援助運動」の公式声明だ。

「私たちは今、九月二五日にインドネシア東ティモールで起きた事件で生命を落とした一人のインドネシア人ジャーナリストの死に大きな衝撃を受け、悔しさに涙しています。

ここにこの理不尽な事件を防ぐ努力を怠ったインドネシア政府並びにわが国政府に対し強い抗議の意を示したいと思います。

事件は九月二九日の新聞報道『神父ら九名殺害される』により私たちの知るところとなりました。被害者の中にインドネシア人ジャーナリストが含まれていると知って私たちはそれが私たちの友人ではないことを祈りました。しかし翌日には被害者が私たちの大切な仲間アグス・ムリアワン（Agus Muliawan 二六歳）であったことを知りました。ショックでした。

事件は二五日の夕刻に起こりました。彼は避難民へ食料品や医薬品を届けたローマカトリック教会の関係者ら八名といっしょに車で移動中に攻撃を受け射殺されたのです。遺体は川に捨てられさらにひどく損傷しました……。

まもなくこの事件は国軍による犯行だと報道されました。私たちはカトリック教会の人々を独立派＝敵とみなして標的としていた残留派民兵なるものは、国軍の別働隊であると認識していますが、今度の犯行が国軍・七四五大隊そのものであったとの報道に言葉を失うほど深い憤りを覚えています。

東ティモールの治安維持に責任を持つべきインドネシア政府がこのような事態を招いたことに対して強く抗議するとともに、この事件に関してインドネシア政府に対してなんら抗議の態度も示さなかった日本政府の対応にも異議を唱えたいと思います。

　武力により東ティモールを強制併合してきたインドネシア政府を長期にわたり支えてきたのは日本政府です。日本政府は今日の東ティモールの厳しい事態を招いた責任の一端が自分たちにあることを自覚しているでしょうか。私たちは日本政府は素直にそのことを自覚し、その反省の意を東ティモールの平和の回復・独立がすみやかに実現するよう最大限努力することで表すべきだと考えます。

　それにはインドネシア政府に対して毅然とした態度で、東ティモールの正常化への努力を最優先すべきであると働きかけるべきです。私たちが今もっとも望むことはまず一刻も早く国軍を撤退させるべきだとインドネシア政府に働きかけることです。

　また今回の事件の真相の徹底解明、犯行当事者の逮捕と厳重処罰がすみやかに行われるよう、さらにはこれらすべてのことが私たちの前に明らかにされるるよう要求して欲しいと思います。

　私たちは十年間にわたり、二十一世紀を世界中の人々が共に生きる社会を実現しようとインドネシア、インド、フィリピンのＮＧＯとの連携のもと活動してきた小さな国際協力ＮＧＯです。インドネシアの人々とは六年間にわたるＮＧＯや住民組織へのささやかな資金援助を通して交流し信頼関係を築いてきました。

　その中で通訳を担ってくれたアグスと出合ったのです。彼は向学心あふれる有能な若者で九六年には一年間日本の大学でも学んでいました。彼は昨年春以来高まりをみせたインドネシアの民主化の動きの渦中に身を置きながら人々に真実を伝えるジャーナリストへの道を歩み始めました。そして同時に私たちの仲間として現地連絡員になっていました。

アグスを返してほしい！　私たちはかけがえのない仲間を失って呆然としています。彼はこれからのインドネシアと日本にとって重要な役割を果たしうる人でした。彼の死は私たちにとってだけではなく両国にとって大きな損失だったのです。

東ティモールの国軍の実態を日本政府が知らなかったとは思いません。日本政府の働き次第で防げた事件だったのにと無念でなりません。

彼と多くの犠牲者の死を無駄にしないために、日本政府には東ティモールの独立・平和とインドネシアの民主化を実現するためにせいいっぱい努力することを求めます。

最後に、私たちはアグス・ムリアワン、最も魅力的なインドネシアの若者のことを永遠に忘れない！と叫びたいと思います。」

僕たちはこれを、英訳を併せてインドネシア大使館に持参し、日本政府にも提出した。返事はなかったけれど、僕たちとしては精一杯の気持ちだった。

それから時をおかずに僕たちは、東ティモールの人々に対する支援を行う「東ティモール救援キャンペーン」を開始した。アグスの写真をパネルにし、大学や各地のボランティアセンターなどで写真展を行い、東ティモールの現状を紹介して支援を訴えた。

アグスの死の直前の写真には、ぐっと精悍になった彼自身の姿が映っている。荒廃した東ティモー

アグスのひまわり。

ルの光景をバックに、優しさを胸に秘めながら何ものにも負けない意志をたたえて。多くの人が涙したのは、その東ティモールの光景の間に、大きく黄色いひまわりの写真が何枚か入っていたことだった。それまで彼は、花を撮ったことはない。その何が彼の心をとらえたのか、僕たちとしては想像してみる以外にないのだけれど、その不思議な明るさと静かさは、とても意外で、しかも彼らしいと思わせるものだ。

僕たちのキャンペーンが大きな反響を呼んだとは残念ながら言えないけれど、アグスの死に対して弔意を示し、感想を書いてくれた人や支援を申し出てくれた人は少なくない。僕が属している教職員組合が組織カンパに取り組んでくれたこともあって、一応の成果はあげることができた。新聞にも写真展のことを取りあげてもらって、僕たちは多少なりともインドネシアで起きていることを、日本の人に知らせることができたと思っている。

そうした中で改めて気付いたのが、「日本でやるべきことはたくさんある」ということだった。

援助は、ただすればいいというものではない。援助さえしておけばあとはいい、というものでもない。日本で余ったものを恵まれない子どもたちにあげる、というのでも、僕たち日本人の意識は変わらない。そうではなくて、アジアで何が起きているのか、それに対して人々は何をしようとしているのか、そんな想像力が一緒になければ意味がない。援助の問題とは、実は日本人の、日本での生き方に結びついている。

インドネシアへの最大の援助国は、日本だ。にも関わらず、東ティモール問題について、日本政府は何の発言もしてこなかった。日本の外務省は、内政問題と言っては他国への口出しを避けるという「悪しき相対主義」をそのまま実践している。誰に対する、何に対する援助を行っているのか、そのポリシーもない。

僕たちは、人と人とのつながりとしての援助をしていくべきだ。それはつまり、援助する側とされる側のそれぞれの想像力を働かせ、お互いの壁を低くして、相手の顔を見ることだ。顔の見える援助、というのはなにも援助物資に日の丸をつけるというような間抜けたことではない。

援助される側には、支援する人々の顔があるということを知らせること。僕たちの援助でいえば、たとえばフィリピンの小規模薬局には、退職した日本の女性教職員の団体が資金を提供してくれている。その支援する側の応援の思いは、今日もフィリピンの農村でボランティアとして薬局に詰めている女性にとっても、必ず有用なはずだ。

そして援助する側は、それによってどういう人たちがどういう風な未来をつくっていくのかを理解すること。アジアやその他の世界の出来事と日本の僕たちの生活はどうつながっているのかとか、世界の人に対して僕たちはどう責任をとっていくべきなのかとか、もっと単純に言えば、僕たちはどういう援助を考えるべきなのか、日本はどういう未来を考えるべきなのか、世界の未来はどう描くべきなのか、そもそも人の幸福とはなんなのか、そんなたくさんのことを、日本にいる人々がもっと考えなくてはならない。

人には使命がある

「人にはそれぞれ使命がある」と、ニュー・ホープのリーダー・ローズ氏は言う。「私は自分の使命を果たすだけだ。」

彼はクリスチャンだから、それは神の御心の下で、という意味になる。僕はクリスチャンではないので、神は考えていない。卒論にサルトルを選んだ僕は、人の存在は根本的には無意味だと思っている。だから、と言うべきなのか、それでもと言うべきなのか、時々ローズのことを考え、そして思う。僕の使命が本当にあるのだとしたら、それはこのあたりにあるはずだ。誰も自分の使命なんて分かるはずがないし、そんなものはあるわけがない。けれど、でももしその使命が分かったら、きっとこのあたりだ。

開発援助に関わることは、みんな楽しい。面倒なことも、いやなこともあるけれど、それでもやはり、みんな楽しい。それは僕が、仕事としてではなく、つまり義務としてではなく自分で選んだものとしてやっているからだ。いやしかし、仕事だって僕は楽しい。楽しくないこともみんな楽しいと感じる。それはなんなのか、自分でもよく分からないのだけれど、いやなことってあまりないような気がする。

学生時代、僕がサルトルから学んだことをものすごく単純に一言で言えば、こうなる。「すべてのことは自分の選択であり、責任だ」。

やりたいこともやりたくないことも、人に無理矢理やらされることや不可抗力と言えるレベルのことまで含めて、それは自分の選択であって、その責任はすべて自分にある。サルトルはこれをいかにも実証するかのように『存在と無』を書いたけれど、でも実は違う、と僕は思う。本当は、ほとんどすべての哲学がそうであるように、サルトルは、そう考えるしかないと自分で決めたのだ。そしてそれを学んだ僕も、そう思っている。

アグスは殺されてしまったけれど、ローズも、ボンベイのジョキンも、カプニタン村のアトンも、オゲゲもランディ・ダカナイも、みんなきっとそう思っている。自分の今やっていることは、誰かのせいではなく、誰かのためでさえも実はなくて、自分の選択の結果の自分の責任としてある。

ローズの言う「使命」というのは、もしかすると、こういうことなのかもしれない。すべてを自分で選ぶ、そういう仕方で自分の使命が生まれているのかもしれない。だとしたら、と僕も思う。人はみな、確かに使命があって、使命を果たしているのかもしれない。フィリピンでも、インドでも、インドネシアでも、そして僕自身も。

あとがき

世の中はよくなっている。僕はそう信じている。

一九五六年生まれの僕は、「団塊の世代」の次の世代だ。学生運動世代のあとの世代という意味で「紛無派」と呼ばれたりもする。世の中を変えようとありあまるエネルギーを振りまいていたのが団塊の世代だとすると、それが変わらないということを思い知らされて静かに座っていたのが僕たちだ。安田講堂の攻防戦や浅間山荘事件はテレビの中の出来事で、大学に入ってみると学生運動は終息しており、大学はレジャーランドと化していた。

小学生の頃、「今の子どもはかわいそう」とあちこちで言われた。自然がなくなっていることとか、遊び場が減っていることとか、ガキ大将がいないこととか、大体そんなことだった。「ドライな現代っ子」と言われ、「テレビッ子」とか、高校生ぐらいになると「三無主義世代」「四無主義世代」などと言われた（なにが無いのか忘れてしまったが）。

世の中は、先輩たちがどうやっても変わらなかった。変わるわけがない。それどころか、どんどん悪くなっている。たくさんの人々がそう嘆いていた。自分にしか興味がなかった二十歳の頃、僕には実のところそんなことはどうでもよかったのだけれど、みんながそう言うのだからそうなのだろうと思っていた。

でも。

差別についての意識は、この数十年で随分と変わった。たった四十年前、今では信じられないことだけれど、アメリカ南部の黒人は白人と一緒にバスに乗れなかったのだ。アメリカ原住民――「インディアン」――は頭の皮を剥ぐ野蛮人で、サンフランシスコのケーブルカーでぶら下がり乗りができるのは男性だけだったし、サッカーだってマラソンだって格闘技だって、女性には許されていなかった。被差別部落の人々は公然と差別され、在日韓国朝鮮人はどこの企業でも門前払いされていた。

環境に対する意識だってそうだ。少なくとも資源が無尽蔵ではないということは、今や多くの人が知っている。人権意識もそうだ。今から三十年前、人権などというものを意識していた人はほとんどいなかった。核兵器も数だけは確かに減っている。反公害運動や消費者運動、平和運動。そして、開発援助のＮＧＯ活動と「途上国」に対する意識。僕が学生だった頃、いわゆる欧米以外に目を向けている若者はよほどの変わり者だった。今やごく普通の若者たちが、初めての海外に「草の根援助運動」のフィリピンやインドやインドネシアへのツアーを選ぶ。

世界は、よくなっている。僕はそう思う。人々の意識は高くなっている。高校生たちの素直な正義感は、ひねくれていた僕などよりもずっとストレートで力強い。Ｐ２ユースの学生たちのパワー、そしてそれを組み上げていく組織化パワーは、僕が学生だったころよりもずっとしっかりしている。

九・一一事件は確かに衝撃的だった。そして、その報復として展開された貧しいアフガニスタンへの徹底攻撃。人々がイフガオの棚田のように積み上げてきたさまざまなものが、いとも簡単にひっくり返されてしまうのを、あまりにも強烈に見せられてしまった。東ティモールで、アフガニスタンで、パレスチナで。有無を言わさぬ暴力が噴出し、報道される。

人々の平和への願いは、どこに消えてしまったのだろう。自由を希うせつない心は、こんなにも簡単に放棄されてしまうものなのか。国内でも、市民活動や労働運動に対する抑え込みが刻々と強くなっているように思える。出る杭は打とうというパワーがあちこちに渦巻いている。思想や言論統制が現実的となり、戦争への道が近づいているように見える。

でも、と僕は思う。確かに悪い時代というものはある。歴史は、まっすぐ進むのではなく、行きつ戻りつして進むのだ。時には悪い方向に流れることもある。自分の生きている時代が、その悪い谷間に入ってしまうかもしれない。もしかすると今まさに、そうした悪い谷間に向かっているのかもしれない、と思うことはある。「草の根援助運動」の活動の中で、教育の現場で、ときには隣人たちとの会話の中でさえ、そういう現実が突きつけられることもある。

けれど。

フィリピンの人々にとって、日本占領時代の四年間は最悪の時代だった。マルコス政権後期の十数年に及ぶ戒厳令期もまた、ひどい時代だった。それどころか、スペイン統治時代の三〇〇年、アメリカ統治の四十年、ほとんどすべて悪い時代だった。でも、フィリピンの人たちはへこたれなかった。

ひどい時代を経て、これからの国・東ティモール。スハルト政権下を生き抜いてきて、民主化の方向に進んでいるインドネシア。なにはともあれ、世界の注目を集め、動き出しているアフガニスタンの再建。そして、世界のあちこちにいる、信頼できる人々。僕の大事な友人たち。わたる世界は、いい人ばかりだ。

絶望などしているヒマはない。歩きながら考えよう。そんな毎日が、告白すると、僕には楽しくてしょうがない。

写真を提供してくださった、草の根援助運動の山中悦子さん、石塚章さん、永野広務さん、どうもありがとう。Ｐ２ユースの會田友紀さん他ツアー参加者の方々（掲載した写真の何枚かは、どなたにいただいた写真か分からなくなってしまいました）、アグスの写真の掲載を快諾してくださったアジアプレスにもお礼を申し上げます。

そして、この本の出版のきっかけをつくってくれた、敬愛する伊勢﨑賢治さん。出版の決断をしてくださった藤原書店の藤原良雄社長と、細かく面倒を見てくださった編集部の清藤洋さんにも、感謝いたします。

最後に、一緒に活動を担ってきた「草の根援助運動」の運営委員のみなさん、そして（日本語は読めないけれど）世界の仲間たち。これから先も、あきらめずに、地道に、しかし楽しくやっていこう。

こんな人たちがいるこの世界、よくならないはず、ないよね。

二〇〇二年六月三日

小野行雄

著者紹介

小野行雄（おの・ゆきお）

1956年横浜生まれ。

1980年早稲田大学第一文学部フランス文学専攻卒業。

卒業後、アルバイト生活を経て渡米。アルバイトをしながらパートタイム学生としてカレッジに通う。

1983年秋帰国､大増設中の神奈川県立高校に英語教諭として就職、現在に至る。

1991年より開発援助ＮＧＯ「草の根援助運動」に参加。共同代表を経て99年から事務局長（非専従）。他に債務帳消し国際キャンペーン「ジュビリー2000」「ＯＤＡ改革ネットワーク」などにも参加。神奈川高教組「開発教育小委員会」所属、神奈川高校教育会館研究所研究員。

「草の根援助運動」 〒235-0023 横浜市磯子区中原1-1-28
tel: 045-772-8363 fax: 045-774-8075
URL: www.angel.ne.jp/~p2aid
E-Mail: p2aid@angel.ne.jp

ＮＧＯ主義でいこう——インド・フィリピン・インドネシアで開発を考える

2002年6月30日　初版第１刷発行©

著　者　小　野　行　雄

発行者　藤　原　良　雄

発行所　株式会社　藤　原　書　店

〒162-0041　東京都新宿区早稲田鶴巻町523

TEL　03（5272）0301
FAX　03（5272）0450
振替　00160-4-17013

印刷・製本　美研プリンティング

Printed in Japan
ISBN4-89434-291-X

身体化された社会としての感情

増補改訂版

生の技法

（家と施設を出て暮らす障害者の社会学）

安積純子・岡原正幸・尾中文哉・立岩真也

「家」と「施設」という介助を保証された安心な場所に、自ら別れを告げた重度障害者の生が顕わにみせる近代／現代の仕組み。衝突と徒労続きの生の葛藤を、むしろ生の力とする新しい生存の様式を示す問題作。詳細な文献・団体リストを収録した関係者必携書。

Ａ５並製　三六八頁　**二九〇〇円**

（一九九〇年一〇月／一九九五年五月刊）

◇4-89434-016-X

市民活動家の必読書

ＮＧＯとは何か

（現場からの声）

伊勢﨑賢治

アフリカの開発援助現場から届いた市民活動（ＮＧＯ、ＮＰＯ）への初のラディカルな問題提起。「善意」を「本物の成果」にするために何を変えなければならないかを、国際ＮＧＯの海外事務所長が経験に基づき具体的に示した、関係者必読の開発援助改造論。

四六並製　三〇四頁　**二八〇〇円**

（一九九七年一〇月刊）

◇4-89434-079-8

一日本人の貴重な体験記録

東チモール県知事日記

伊勢﨑賢治

練達の〝ＮＧＯ魂〟国連職員が、デジカメ片手に奔走した、波瀾万丈「県知事」業務の写真日記。植民地支配、民族内乱、国家と軍、主権国家への国際社会の介入……。難問山積の最も危険な県の「知事」が体験したものは？

四六並製　三二八頁　**二八〇〇円**

（二〇〇一年一〇月刊）

◇4-89434-252-9

初の国際フォーラムの記録

介入？

（人間の権利と国家の論理）

Ｅ・ウィーゼル、川田順造編

廣瀬浩司・林修訳

ノーベル平和賞受賞のエリ・ウィーゼルの発議で発足した「世界文化アカデミー」に全世界の知識人が結集。飢餓、難民、宗教、民族対立など、相次ぐ危機を前に、国家主権とそれを越える普遍的原理としての「人権」を問う。

四六上製　三〇四頁　**三二〇〇円**

（一九九七年六月刊）

◇4-89434-071-7

INTERVENIR? ——DROITS DE LA PERSONNE ET RAISONS D'ÉTAT

ACADÉMIE UNIVERSELLE DES CULTURES